シリーズ キリスト教と科学

脳が私のすべてなのか？

シャロン・ディリックス［著］　森島泰則［訳］

Am I just my brain?　SHARON DIRCKX

いのちのことば社

Am I Just my Brain?

Published by The Good Book Company in partnership with:
The Oxford Centre for Christian Apologetics

私の両親、デニスとポーリーンに。
本書を完成できたのは、生涯にわたる私への愛と支援があったからにほかならない。

目次

はじめに

私が幼かった頃、ある雨の日、窓際に座って窓ガラスに当たる雨粒を眺めていた時の記憶がある。ほとんどの普通の子どもと同じように、駆け回ることが私の人生だった。しかし、この時はじっとして、心が漂うのに任せていた。疑問が次から次へと頭に浮かんできたのを覚えている。

考えることができるのは、なぜ？
なぜ、私はここに存在しているのだろう？
なぜ、私は息をして、自分が生きていることがわかるのだろう？

こういった疑問が、いったいどこから生まれたのかわからないし、何歳ごろのことかも覚えていない。ただ、そのような疑問がわき上がってきたのだ。だれに促されたわけでもなく。

このような「瞬間」を経験するのは、私ひとりではないはず。しばらくじっと座っていれば、あらゆることが私たちの意識に泡のように浮かんでくる。マインドフルネスの導師たちの教えによれば、わき上がる疑問に意識を向けることは健康に良いのだそうだ。自分の内面世界（心臓の鼓動や呼吸や感情など）と外的な環境（遠くの鳥の鳴き声や隣の部屋のドアが閉まる音など）に接する度合いが深まれば深まるほど良いという。どうやら、そういうことに気づく意識があるということが、生身の人間であることの根本らしい。

しかし、そもそも人間とは何だろうか。そして、先ほど書いたような疑問がわき上がる瞬間と、科学が教えることとを、どのように結びつければ良いのだろうか。私たちはただの進化したサル？　機械？　身体に閉じ込められた魂？　それともこの三つを合わせたもの？　世の中には実にさまざまな答えがある。このような疑問に答えようと、高らかに声をあげているのが神経科学だ。神経学者はこう答える。「あなたは脳だ。ニューロン〔訳注・生物の脳を構成する神経細胞〕だ。なぜ考えることができるかって？　それはニューロンが発火しているからでしょ。おしまい。」

ジェームズ・ワトソンと共同でＤＮＡを発見し、一九六二年に医学生理学部門でノーベル賞を受賞したフランシス・クリックは、著書『ＤＮＡに魂はあるのか――驚異の仮説』〔邦訳・講談社、一九九五年〕の中でこう書いている。

あなた――つまりあなたの喜怒哀楽や記憶や希望、自己意識と自由意志など――が無数の神経細胞の集まりと、それに関連する分子の働き以上の何ものでもないという仮説である。『不思議の国のアリス』なら、「あなたって、ワンパックのニューロンなのよ」というところだろう。この仮説は、ほとんどの人たちの考えとは相容れないものであるから、あえて私は「驚くべき（astonishing）」と名づけた。

五十年が経って、この仮説は身近なものになった感がある。実際、これを仮説と考える人は多くはなく、もう真理になっている。唯一の真理に。

クリックは正しいのか。脳が、私たちの存在の完全な説明となるのか。この問いにどう答えるかによって、その影響は広い領域に及ぶ。

自由意志に対して　もし脳が私たちを動かしているなら、意志決定の自由は本当にあるのか、それとも脳内の化学反応に支配されているにすぎないのか。この前提を土台とすれば、善であれ悪であれ、行動の責任は自分にあるとだれが言えるだろうか。

ロボット工学に対して　ロボットは、ますます職場に進出し、グーグル・アシスタントやアレクサやＳｉｒｉという形で家庭にも入り込むようになった。いずれは完全な人工知能を備え、意識をもったロボットを作ることができるようになるのだろうか。

倫理観に対して　もし私たちが人間であるかどうかが、脳によって決まるのなら、完全に機能する脳があってはじめて、人間と言える。しかし、そうだとすると、乳幼児や新生児など、脳が充分に発達していない人をどうみなすのだろう。あるいは、かつては問題なく脳が機能していたが、今はアルツハイマー病や血管性認知症で脳機能が低下した人はどうなるのか。実際、私たちはだれも例外なく、十八歳を過ぎると健康な人でも驚くほどの速さで脳細胞が消滅するのだ。私たちの脳は歳とともに機能低下する。ということは、人間でなくなっていくということなのか？

宗教に対して　宗教心や宗教体験に脳が深く関わっていることが明らかになっている。となると、神経科学は宗教を説明しつくせるのだろうか。宗教心とは、真っ当な生体構造をもった人に限られた、ある脳状態にすぎないのか。

「脳が私のすべてなのか？」は、単なる科学の問いではない。科学だけでは答えることのできない自分とは何者なのか、という疑問にも関わるので、この問いを充分検討するには神経科学をはじめ、哲学や神学の視点も必要になる。

これから展開される対話で特に重要なのが「心」。この心というものがあるから、私たち人間にはニューロン（神経細胞）以上のものがあることになるのか。私たちは脳内物質を分泌するだけではなく、思考する。しかし、そもそも心とはいったい何なのか。そして、その心はどのように脳とつながるのか。ここが難しいところ。心と脳の関係については論争がある。エッセイストのマリリン・ロビンソンは、著書『心の不在』（原題・*Absence of Mind*）の中で、次のようにこの状況をうまく表している。

心の定義を自分の意のままに操る者は、人類の定義そのものを意のままに操る。*1

「脳が私のすべてなのか？」という問いにどんな答えを出すのかは、神経学者や哲学者の関心事というだけでなく、すべての人に対して影響力を持っているものなのである。

用語解説

この種のテーマの本では、どうしても専門用語が数多く出てくる。できるかぎり生物学の専門用語は使わないようにしたが、本書で論じられる概念などを表す哲学用語も同じようにわかりにくい。以下の用語リストが、本書で展開される議論や、問いや答えを理解する助けになればと願っている。

両立論……決定論は正しいだけでなく、自由意志とも両立できるという立場。両立論によれば、人間は原因となる事象が生じることによって、行為が決定されているが、行為が制限されていなかったり、自分の願望をかなえようとしたりする時には自由にふるまうことができる。「柔らかい」決定論とも呼ばれる。

意識……主観的な思考、感情、経験、願望を生み出す心の性質。

決定論……先に生じる原因が、特定の結果をもたらすという考え。あらゆる事象には原因があるとする。

下向《げこう》因果……心が脳よりも上位にあると想定した場合に、心が脳へと「下方向に向かって」作用し、脳内変化が生じる原因となるプロセス。

ＨＡＤＤ……高感度動作主探知機構（Hypersensitive Agency Detection Device）。宗教認知科学において人間に備わっているとされる認知機構で、環境から届く（物事の形や音などの）パターンや信号などの情報から、その背後にある動作主を想起する。

強固な決定論……原因となる事象から特定の結果が例外なく必然的にもたらされるという信念のこと。神経科学では、人間の脳とそこから生じる意志決定はあらゆる意味において先行する原因によって決定されているという信念と同等とされ、自由意志の可能性は否定される。

リバタリアニズム……先行する原因によってふるまいを決定されていない人間は、自由に意志決定を下すことができるという見方。この立場は自由意志を支持する。

非両立論……自由意志と決定論は両立しないとする立場。これは、強固な決定論とリバタリアニズムの両者がとる立場だが、その理由は異なっている。強固な決定論では、脳の性質は先行する原因によって決定するという意味で固定的であるとし、自由意志の可能性を否定する。リバタリアニズムでは、人間の意志は制約から自由なので、すべてのレベルで脳のふるまいを決定することはできないとする。

物質主義……時空間において目に見えるものだけが存在するという立場。本書では、物理主義と同義で用いる。

心……思考、感情、記憶という形で現れる、人の目に見えない内面を担う部分。心は、意識の座でもある。

神経科医……脳と神経組織の疾患を診断し、治療する訓練を受けた医師。

神経学者……脳とその機能を研究する科学者。

神経外科医……脳と神経組織の疾患を診断し、手術する訓練を受けた医師。

非還元的物理主義（神経科学的）

心は脳から生成されたという考え。数多くの構成部分が結合し、その複雑性があるレベルに到達すると、新しい何か（つまり、心）が生じるとする。心は物質的だが、物質的プロセスだけに還元できないと考える。

物理主義……目に見える物質でできた世界が、存在するすべてだとする考え。本書では、物質主義と同義として用いる。

精神科医……精神疾患を抱える患者を診断し、治療を行う訓練を受けた医師。治療の一環として、薬を処方することができる。

臨床心理士……精神疾患を抱える相談者（クライエント）を援助する訓練を受けた心理職専門家。医師ではないため、薬の処方はできないが、クライエントに各種心理療法を施すことによって、心的適応の援助を行う。

還元的物理主義（神経科学的）

心は脳内の物理的プロセスに還元できるという考え。したがって、心のようなものは実在せず、心とは脳であるとする。

実体二元論（神経科学的）

心と脳の関係は、物理的な脳と非物理的な心という別々の存在によって説明されるという立場。心は脳がなくても存在可能だが、人間においては両者は交互作用するとし、心は脳以上のものであると考える。

1　本当に私は脳にすぎない？

　私は、人体から脳が取り出されるのを見た日のことが忘れられない。その当時、すでにヒトの脳について、かなりの知識があったし、何年も脳機能の画像処理研究をしていた。しかし、この経験はまったく別ものだった。

　私たちは緑色の上衣を着て、青いプラスチックシューズを履いて、医学部の解剖実習室にいた。淡々とした一連の準備が、この部屋の寒々とした空気を引き締める。人体の細胞組織を保存するホルムアルデヒドの刺激臭が鼻を突く。目の前には、年老いた女性の遺体が解剖台の上に横たわっていた。

　死体を見たのはこれが初めてではなかった。でも、この日は何か違うものがあった。女性は医学研究のために献体してくれていたのだ。私たちはヒトの脳の構造を学ぶために、その場で最初の段階である人体から脳を取り出す作業を観察していた。解剖学の教授と講師が作業を始めた。死後、時間が経過しているので出血はない。多くの縫合が行われ、時には力ずくで頭蓋骨を切断し脳が露出される。それは身が引き締まるほどの厳粛な経験で、手荒な解剖の方法にもかかわらず、私たちの勉強のために献体をしてくれた名も知れぬ女性に対する尊敬の念が伝わってきた。

数分後、脳の全貌が現れた。わずか一・五キロの水分と脂質の塊。私は研究モードに入り、献体してくれた女性のことから脳の構造に思いが向かって行った。目の前の解剖台の上にあるもの（脳）が、この名も知れぬ女性の思考や感情、憧れや経験を司《つかさど》っていたのだということが頭から離れなかった。

＊　＊

触ってみると、ヒトの脳の硬さはキノコとあまり変わらない。しかし幸いなことに、私たちの耳と耳の間に存在するのは、キノコとはまったく違うものだ。この驚くべき器官は、体重のわずか二％にすぎないが、身体全体の二〇％ものエネルギーを消費する。組織の七五％は水なのに。ヒトの脳は、八百六十億個のニューロンと呼ばれる神経細胞から構成される。その一つ一つのニューロンが、一秒間に最大千回もの神経インパルス（活動電位）を、何万という他のニューロンに送っている。そのスピードは時速四三〇キロ[*2]にも達する。あなたがこの文を読む間に、脳はＬＥＤ電球を光らせるのに充分な電力を生み出し、毎分、ワインのボトルを満たすほどの血流を頭に行きわたらせている。ヒトの脳は、他のどの生き物より発達しているが、最大の脳といえばマッコウクジラで、その重さは七・五キロにもなる。

あなたが行うあらゆる思考、記憶、感情、意志決定は、この脳と呼ばれるものを通してふるいにかけられる。私たちの脳の化学的構造や生理機能に変化が生じると、思考力に影響が出る。たとえば、ごくわずかな脱水状態になっただけでも、集中力の持続時間や記憶力、明晰《めいせき》な思考能力は劇的に影響を受けてしまう。加えて、一日の始まりに朝一杯のカフェインがないと頭が始動しないというのもおなじみのこと。

しかしまた、私たちの思考の変化が脳自体に影響を与えることも知られている。かつて科学者たちは、脳は固定していて変化しないと考えていたが、今日、脳は非常に「可塑《かそ》性が高い」ことが知られている。つまり、つねに変化し、生きている間ずっと新たな神経回路を形成しているのだ。脳に生じる変化は私たちの思考に影響を与える。一方、私たちの考え方やライフスタイルや生活習慣も脳の成長や発達に影響を与えるのだ。

脳を研究する

私は、幼い頃から科学者になろうと決めていた。学校ではがんばって（少しがんばりすぎたかも）勉強した。そして十代のはじめには、もう博士になることを夢見ていた。イギリスのダラムにある学校からブリストルの大学に進み、そこで生化学を学んだ。

講義は好きだったが、実験実習にはそれほど夢中になれなかった。その当時、生化学実験室は生暖かく、鼻につく酵母のような臭いが頻繁にした。白衣を着た学生たちが見慣れない調合薬を混ぜたり、クルクル回転させたり、振ったり、試験管から少量の液体をピペットで吸い取って別の試験管に入れたり、ガラスのフラスコが熱湯の中に長く浸かっている間、心配そうに見つめていたりする姿が目に入ることもあった。実験がうまくいったかどうかがわかるまでに何週間、時には何か月もかかることがあった。そして、うまくいかなかったら、もう一度やり直し。これは一九九〇年代中頃の話で、その後の進歩で状況は変わっている。

私が最初に脳機能イメージング（画像処理）のことを聞いたのは、ブリストルにいた頃だった。私のいる実験室から廊下づたいに行ったところで、物理学を研究している何人かの友人が、ガムテープを貼り合わせたような古めかしい装置を使ってなん

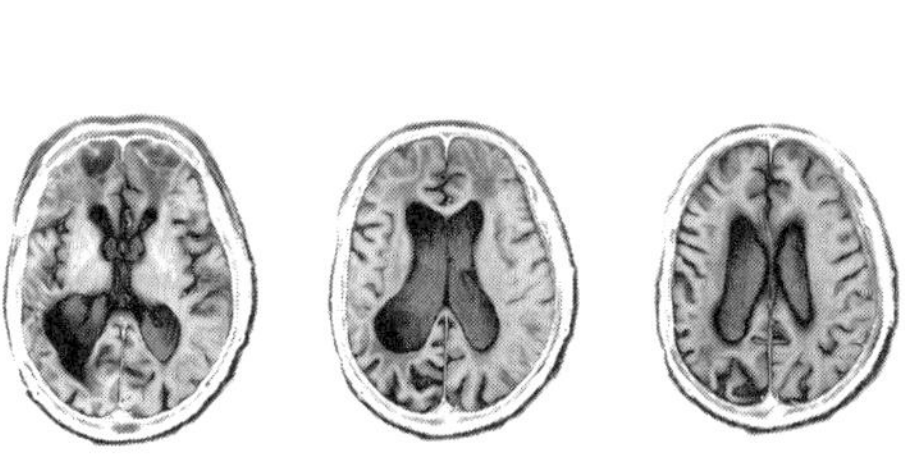

人間の脳内部のMRI画像

とか結果を出そうとしていた。友人たちが使っていたのは、体にメスを入れることなく、体の内部を見ることができるようになる当時の最新の技術、核《かく》磁《じ》気《き》共鳴《きょうめい》画像法（ＭＲＩ・magnetic resonance imaging）だった。私はこの技術に魅せられ、二年後にケンブリッジ大学の博士課程に入った。はっきり覚えているが、ある研究スタッフの四歳になる娘がこう言って、ＭＲＩ特有のセールス・ポイントを浮き彫りにしたことがある。「パパ、あの人の脳をあんなふうにスライスしても痛くないの？」彼女はスクリーン上に現れる、グルグル回転する男性の頭と、脳のスライスがだんだん脳の内部の深いところを映し出すのを見ていたのだ。痛くないの？全然痛くない。ＭＲＩがスライスするのは電子画像の脳で、本物の脳ではない。

　脳機能イメージングの最も心躍る貢献のひとつは、この技術によって研究者たちが健康な人々の脳を研究できるようになったこと。二〇世紀初頭、脳の内部を見る方法はメスで切り開くしかなく、研究に協力してもらえるのは、難病あるいは不治の病いを患っていて藁《わら》にもすがる思いの人々か、もう手の施しようがない人々くらいだった。脳機能イメージング技術が登場したことで、健康な脳と病気の脳を比較できるようになった。

　時間を早送りして一九九〇年代、機能的ＭＲＩ（ｆＭＲＩ・functional MRI）が登場すると、脳機能イメージングはもう一段階進歩して、脳の構造を静止画像で見るだけでなく、脳の「活動」まで見ることができるようになった。どこかのタワーに登った時のことを思い出してみてほしい。苦労して頂上まで登ると、目を見張るような景色を見ることができる。頂上から私たちはまず最初に、建物や大通りなど、大きくて動かず、すぐ何かわかるようなものに目をやる。しかしその後、人々や車やバスの動きに気づく。ＭＲＩは今日、脳の構造のほか、ひざや肩関節など身体部位の「構造」を調べるのに使われるのが主流だ。これに対して、ｆＭＲＩは脳の内部の「動き」、特に血流の動きを計測する。脳のある部分の活動が活発になると、そこの血流が上昇し、酸素と糖を供給する。ｆＭＲＩは、この血流を測定し、脳のどの部位が活動しているのかがわかる。一九八〇年代後半に開発が進んだことで、その後数十年の神経科学という分野の全体像が形作られ、今日もまだこの研究分野の探求は続いている。

私は、ｆＭＲＩを使った研究に十一年携わる機会に恵まれ、優秀な神経科学者たちと仕事をすることができた。この分野の研究に多大な貢献をした人々だ。ｆＭＲＩを使って、脳がどのように脳腫瘍の周囲を再生できるのか、また、脳が中毒性のある薬物に支配されるのはどのような仕組みなのかを研究した。当初、私は健常な人々を集中的に調べていたが、後にガン患者やコカイン中毒者も研究するようになった。

私たちは脳にすぎない？

かつては息をしていた女性だった解剖実習室の人体のことを考えると、こう自問してしまう。「私が人間だって、どうして言えるのか？」今日、その答えはたくさんある。ファッション業界と化粧品業界の人だったら、こういう答えになるのかもしれない。「あなたとは、あなたの身体です。」金融界の人なら「あなたとは、あなたの収入です。」政治家なら「あなたは、あなたの影響力です。」学者なら「あなたとは、あなたの著作物です」と言うだろう。近年、神経科学者はこう言うようになった。「あなたとは、あなたの脳です」と。ある人を理解するとは、その人の脳を理解すること。脳を理解するということは、その人を理解すること。

このような考え方をどうとらえたらいいのだろう？「あなたはあなたの脳」という考えによれば、今や神経科学は、人間とは何であるかという根源的な問いについて語ることができるということになる。ある人々にとって、神経科学はルーペのようなものになった。それを通して生命のすべてが解明できるというわけだ。脳地図〔訳注・脳のさまざまな解剖面に沿った断面画像を張り合わせて作った地図〕は、マーケティングの分析や景気判断、さらに法的な判決にまで使われるようになっている。だれかの意見を求めるくらいなら脳をスキャンしたほうがいい！　マンチェスター大学の臨床医で神経科学者だったレイモンド・タリス教授は、このような風潮を「ニューロマニア」[*3]という言葉で表した。神経科学が驚くべき発達を遂げた結果、私たちの知識が深まり、病気の診断や治療ができるようになった。その一方で私たちは、神経科学はどんな疑問にも答えることができるという考えにとりつかれてしまったのではないか？

どこから始まった？

問題の核心に迫るにあたって、どこからこの考えが生まれたのかを見ていこう。第一印象では、脳ですべての説明がつくなどとは、神経科学が登場するまではありえなかった、まるで新しい考えのように思えるのだ。しかし実際は、古代ギリシア、特に紀元前五世紀にまでさかのぼることができるのである。医師だったヒポクラテス（紀元前四六〇〜三七七年）は、「ヒポクラテスの誓い」でよく知られているが、てんかんの研究もしていた。著作「神聖病について」の中でこう述べている（傍点は著者）。

　われわれの快楽感、喜び、笑い、戯談も、苦痛感、不快感、悲哀感、号泣も、ひとしく、ここ（脳）から発するということを、人々は知らねばならない。[*4]

ヒポクラテスは、てんかんは悪霊にとりつかれるのが原因だと、その当時一般に信じられていたことを否定し、脳の疾患であるとはっきり述べていた。さらに、この「ひとしく脳から発する」とは、あらゆる点で「心と脳は等しい」という、今日高まりつつある見方をしているようだ。

この考えは、近年学問の世界で多くの人々から発せられるようになった。オックスフォード大学の神経科学教授、コリン・ブラックモア卿もその一人だ。彼は一九七六年の著書でこう書いている。

人間の脳は、私たちのあらゆる行動、心の奥に秘めた思い、信念を生み出す唯一の装置である。私たちの行動はすべて、私たちの脳の活動の産物なのだ。[*5]

学問の世界で受け入れられたこの見方は、時を重ねて大衆の文化に浸透していく。ディズニーのアニメ映画『インサイド・ヘッド』（原題・*Inside Out*）はその一例である。この映画は人間の脳の複雑さといろいろな感情（映画に登場するのは、ヨロコビ〔喜び〕、カナシミ〔悲しみ〕、イカリ〔怒り〕、ビビリ〔恐れ〕、ムカムカ〔嫌悪〕というキャラクター）の大切さを、独創的に描いている。脳の可塑性は、さまざまな「島」がなくなったり、またできたりすることで表現される。しかし、この映画を通した物語の筋書きは、主人公ライリーの性格や感情を作り上げるものはすべて、ライリーの頭の中にある物理的なメカニズムによるというものだ。ライリーの思い出（記憶）の中枢や「島」に何事もなければ、彼女の外に現れる行動はバランスが取れているが、何かあれば外の世界は崩れ落ちる。まさに映画のタイトルにあるように、内側のものが外に出るのだ（inside out）。その逆はない。

どこから始めたらいい？

この問い「脳が私のすべてなのか」は、どのように検討していったらよいだろうか。その第一歩は、神経科学だけでは解決できそうにないことに気づくことだ。一見、この問いはたしかに科学的だと思える。科学者が出した問いであるし、私たちの身体組織に関する問いでもあるからだ。しかし実際には、「脳が私のすべてなのか」は、「人間とは何か」という哲学的な問いなのだ。神経科学だけではこの問いに答えを出すことはできない。神経科学は、脳の中で何が起きているのかを美しいまでの繊細さで描き出してくれるし、「脳とは何か」とか「脳はどのように機能するか」といった疑問に答えを出してくれることは確かだが、「人間とは何か」という問いは、はたらきや仕組みを問うのとはまったく違う。この問いは、科学的方法を超えて哲学、倫理学、そして多くの人が主張するように神学にまで及ぶのだ。

人間の記憶は、いくつかの異なった記憶装置からできている。そのひとつがワーキング・メモリ（作動記憶）、簡単に言えば、頭の中の「ノート」である。ワーキング・メモリとは、脳の一部で、家に置き忘れた買い物リストを思い出そうとする時に使う記憶のこと。たとえば、人間のワーキング・メモリを研究している神経科学者が、機能的ＭＲＩの結果だけを使うことにし、生理学や解剖学や薬理学など他の研究分野はすべて無視しようとしたとする。はっきり言って、これはお粗末な科学研究で、ワーキング・メモリについてほんのわずかしか理解できない。優秀な科学者は、手元にあるあらゆる手段を用いて、広範にわたる関連研究分野を考慮して結果を解釈しようとするだろう。それと同じで、「人間とは何か」という問いに神経科学だけで答えを出そうとしても、一部分しかわからない。人間の本質に関する問いに答えるには、神経科学の域を超えなければならない。私たちの探究の旅路は、脳科学の地平とともに哲学の地平もめぐることになる。

優れた科学者は、新しいアイデアや予期しない結果をも受け入れるべきと考えるものだ。どの科学分野にも共通しているのは、仮説を立て、データを収集し、結果を解釈するという作業があることだ。仮説とは、このようなことが観察できるはずだという予測のこと。もしデータが仮説と一致したら、新しい発見に一歩近づいた可能性がある。次の段階では、同じ結果を再現しようと試みる。再現することに何回か成功すれば、仮説の正しさが増し加わる。反対に、データが仮説と一致しなければ仮説が間違っていて、修正の必要があると考えなければならない。

科学者の中には時折、仮説に合うようにデータを「ごまかそう」という誘惑にかられる者もいる。しかし、科学史上大飛躍を遂げたものの中には、予期せぬ結果と批判にさらされても、長年支持されている理論を果敢に修正することによってもたらされたものがある。開かれた（偏見のない）精神をもつことは、科学者として成功するために不可欠なことだ。本書の中で検討する話題について、科学者と同じ偏見のない精神をもって臨むことをお勧めしたい。

あなた、頭がおかしくなったの？

ここまで、脳について考えてきた。脳は、両耳の間にあるマッシュルームのような形の臓器で、化学物質やホルモンで構成され、電気的活動を行う何百万ものニューロン（神経細胞）が互いに結合してできている。とはいえ、ただ単に、脳にニューロンがあるのではなく、私たちは思考という心的活動を行っているので、心があるように思える。となると、いったい心とは何だろうか。

『メリアム＝ウェブスター医学辞典』（*Merriam Webster Medical Dictionary*）によれば、「心」の定義はこうだ。

> 人が感じ、知覚し、考え、意思決定し、特に理性をはたらかせるための要素、あるいは要素の複合体。

『オックスフォード英語辞典』では、次のように定義されている。

> 自覚、思考、意思、感情、記憶の座[*6]。

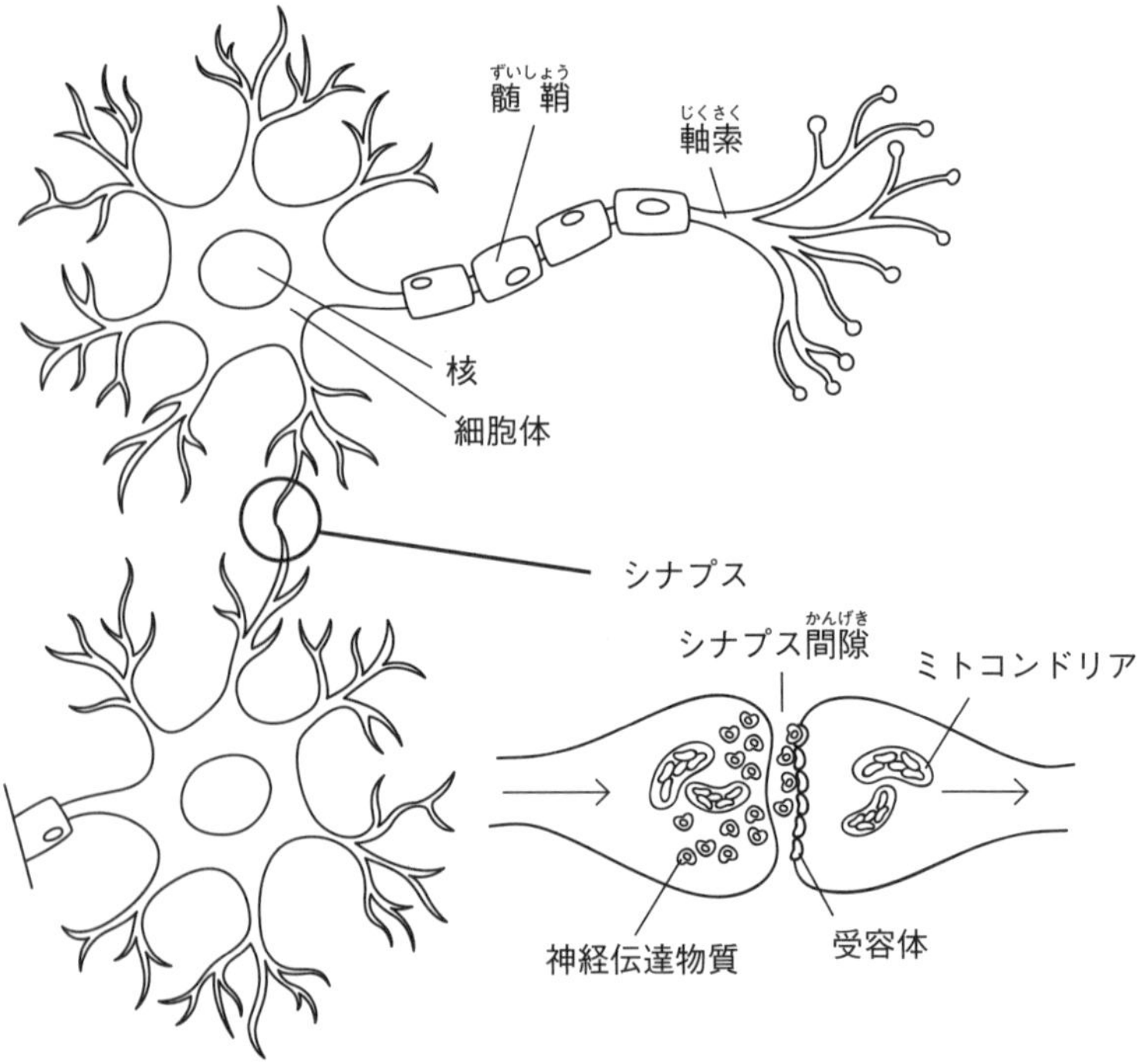

脳を構成する基本単位のニューロン（神経細胞）はシナプスで結合している。

言いかえれば、心とは目に見えないヒトの内面的な生《せい》を司るもので、思考や感情、情動、記憶というかたちで現れる。スマートフォンからプレイリストを選んだり、前の日の会話を思い出したり、ソーシャルメディアで傷つくようなコメントを読んでしまうのは、すべて心のはたらきだ。

だとすると、脳と心、ニューロンと思考、シナプスと感覚はそれぞれどう結びつくのだろうか？　脳の電気信号から、「今日はテニスがしたい」という感情（思い）に、どうやって行きつくのだろう？

心と脳は明らかに関係している。でも、いったいどのように？　これはかなりの難問であり、この本の中心テーマでもある。この難問は何世紀もの間、哲学者たちや倫理学者たち、神学者たちの心を虜にしてきた。「心脳問題」として知られるこの問題には、数多くの答えが出されている。

今日は大変な日だった。
夕食の前に
テニスがしたいなあ。
彼女はぼくのことをどう
思っているんだろう。

心と脳の関係
ニューロンから思考へどのようにたどり着くのか？

どんな選択肢がある？

本書で詳しく見ていくのは、今日広く浸透している「心＝脳」という考えだ。心と脳は同じということ。思考や記憶や感情はニューロンの発火であり、それ以上でも以下でもない。この考えは、心は脳の物理的なはたらきに還元できるというものなので、〝還元的物理主義〟と呼ばれる。つまり別の言い方をすれば、「心」というようなものは存在せず、ただ脳の活動があるだけということだ。

この見方を支持する声は大きいが、だからといってこれが唯一の声というわけではない。今日提唱されている説の中には、問題意識のある人々が有望で説得力があると考える代替案がいくつかある。それらの説では、心は脳と相互作用するが脳とは別ものとしてとらえ、脳の支配下にあるとは考えない。私は「脳が私のすべてである」という考え以外の選択肢があることを本書の中で示そうと思う。

そのひとつは、脳が心を「生成」するという見方。脳を構成する部分が組み合わされてあるレベルまで複雑になると、脳とは別の何か新しいもの、つまり心が生じる。この説は「非還元的物理主義」（NRP）と呼ばれる。心は物理的な存在である脳から生じる（物理主義）。しかし、一旦生成されたら、この新たな存在（心）は元の構造体（脳）に戻って説明することはできない（非還元的）。一方、その構造体（脳）が分解してしまったら、この新たな存在（心）も消失してしまう。

このような見方を「全体はそれを構成する部分の総和以上のものである」[*7]という表現でまとめることができるかもしれない。この見方にしたがえば、心は脳以上のものだが脳と分かちがたく結びついている。とすると、次のような疑問が浮かぶだろう。「脳が死んだら、心はどうなるのか？」

ふたつめの代案は、心は脳以上のものとする考えである。心と脳は別の実体で互いに作用し合うが、それぞれが個別に機能することができる。この説は心と脳の関係に、〝物理的な脳〟と〝非物理的な心〟というふたつの実体が関わるので、「実体二元論」と呼ばれる。

この説には次のような疑問が挙げられる。非物理的な心が物理的な脳とどのように作用し合えるのか？　この疑問が生まれるのは、特に神経科学が両者の強いつながりを明らかにしているからだ。

第二章と第三章で、こういった心と脳の関係に関する説を、「意識」という視点から検討、批評する。しかし科学的方法だけでは、この探究を進めるには不十分だ。人々が科学や、生きること全般について考える土台としている信念も、吟味する必要がある。科学者も含め、人は

心脳問題の３つの可能性

心は脳である。
還元的物理主義

脳が心を生成する。
非還元的物理主義

心は脳以上のものである。
実体二元論

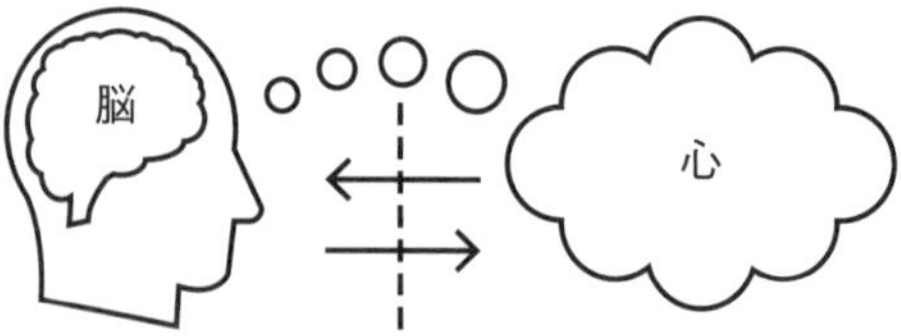

すべてものごとの土台として信じているものがあるが、その世界観が一貫性のあるものとして全体が説明できるのかを判断するには、その信念の本質を明らかにする必要がある。[*8] 次のような三つの問い[*9]を通して、信念を調べることができる。

◆内的一貫性があるか？

「脳が私のすべてである」は、その考え自体、意味が通るものだろうか。水も漏らさぬ隙《すき》のない立場なのか、内部に矛盾を抱えていないのか。アリストテレス[*10]（紀元前三八四～三二二年）は、物質的な存在しか認めない信念は、科学的な方法を弱体化させると指摘している。科学の目的は、物質世界の成り立ちを説明することにある。しかし、もし私たち自身が、自分たちの研究対象である世界と同じ物質から成り立っているにすぎないのであれば、客観的な説明を導くことがどうして可能なのだろうか。「脳が私のすべてである」は内的に一貫性があるのだろうか。その答えは「否」である。科学者たちは、このような脳のとらえ方を支持するが、この考え方は科学そのものを弱体化させてしまうのだ。また、この後の章で見るように、この立場は人間の心の統一性にも疑問を投げかけるものだ。

◆説得力のある説明か？

「脳が私のすべてである」は、私たちを取り巻く世界を説明できるだろうか。私たちの住む世界について、意味ある解答を出せるのだろうか。もしある事柄が真実なら、私たちはそれによって世界のことがわからなくなって混乱してしまうのではなく、むしろこの世界を理解するうえでの助けになるはずだ。人はすなわち脳であるという見方には、これが当てはまるだろうか。私が、自分を自分たらしめているものは何かを考えてみるとき、ニューロンだけでは不十分のように思えてしまう。

自分を自分らしくしているもののほとんどは、思考や感情や意志決定といった目に見えない内面世界によるのであって、そのどれも細胞の電位や脳内伝達物質や脳血流の変化でとらえられるものではないので、「脳が私のすべてである」は、内面の「私」を説明することができないと直感的に思える。

◆生きる根拠になるか？

フランシス・シェーファー（一九一二〜一九八四年）は一九五五年、「ラブリ（避難所）」というコミュニティーをスイスに創設した。それは、真理を探し求める人々のために創られた、クリスチャンの共同体だった。シェーファーが確信していたことは、信念がどれほど本物かは、どこまでその信念に忠実に生きることができ、人生経験と重なるかによるということだった。

　では、私たちの経験とは何だろうか。私たちは経験的に、あたかもものごとを考えるのは自分自身であって脳ではない、という生き方をしている。神経細胞が考えるわけではない。私たちが考えるのだ。私たちはいつも世界を見る時に、一人称的な視点といったものがあるかのように生活している。

　マインドフルネス、セルフ・ヘルプ、カウンセリング、自叙伝、幼児虐待、スキャンダルなど、たしかに内省（自身を見つめること）を必要とするものは、すべて一人称的視点を前提としている。私たちは、脳をはるかに超えたものが自分にはあるかのような生き方をしているのだ。

　もし「脳が私のすべてなのか」という問いの答えが、「いいえ」であるなら、私にある脳以上のものとは何なのか。かつて、「私」の根本にあるものは魂と呼ばれていたが、魂というものがあるのだろうか。そして、もしあるのなら、人間の本質に関わる根源的な疑問に答える助けになるのだろうか。もちろん、今や魂も神経科学で説明し尽くせると考える人もいる。別の言い方をすれば、魂は時代遅れ。本当にそうだろうか？　これからこの問いを考えていこう。

2　魂を信じるなんて時代遅れ？

アメリカの医師、ダンカン・マクドゥーガル（一八六六～一九二〇年）は、「魂の重さを計量しようとした人物」[*11]として知られている。運命の天秤の上で生死の間をさまよっている結核患者を、文字どおり天秤に乗せて死に際の体重を計測した。患者が息を引き取る瞬間にマクドゥーガルは備えていたのだ。彼は、後にこう書いている。

命が尽きた瞬間、驚くほど突然に天秤の一方の皿が下がった。ちょうど何かが急に遺体から離れたようだった。すぐさま、体重の減少について通常考えられるあらゆる論理的な推理をしてみたが、一オンス分の体重がどうしても説明できなかった。[*12]

マクドゥーガルの結論は、患者は死後二十一グラム（一オンス）軽くなる。したがって、これが魂の重さだということだった。この結果は、のちに信憑《しんぴょう》性を疑われることになったが、[*13]

この説はダン・ブラウンの小説『ロスト・シンボル』（邦訳・角川書店、二〇一二年）や映画「21グラム」（アメリカ制作、二〇〇三年）で使われている。[*14]

魂（英語で「ソウル」）は、日常会話にもよく使われる。私たちはソウルフードを食べ、気の合う友人を「ソウルメイト」と呼ぶし、雰囲気のよくないレストランやコンサートを「魂がこもっていない《ソウルレス》」と評する。人生の転機を迎えたとき、「自分探し《ソウルサーチ》」に時間を費やす。音楽の世界では、アレサ・フランクリンは永遠に「ソウルの女王」だ。ある意味、魂《ソウル》を引き合いに出すことは日常生活の一部になっている。魂は、歴史的にも重要な意味をもっている。人間の本質として魂が存在するという信念は、何世紀にもわたって倫理観の発達や、人間の尊厳や人権についての議論の進展に重要な役割を果たしてきた。平等の概念の普及や奴隷制度の禁止や受刑者の扱い方など、私たちが今日当たり前だと考えている法律の多くは、すべての人に魂があるという信念を前提として成立したものだ。

一方、科学者や哲学者の中には、魂などは今や時代遅れの概念だと考える人もいる。哲学者のダニエル・デネットの言葉を借りれば、魂は「自然科学が発達したおかげで効力を失ってしまった」[*15]。この観点から見れば、魂とはかつて理解できない現象を説明するための方便として存在したが、その理解のギャップは科学によって埋められたことになる。魂がもし本当に存在するなら、物質の世界に存在し、マクドゥーガル博士の実験に反映されているように、魂には質量があり、計測することができるはずだ。ハーバード大学の心理学者スティーブン・ピンカーは、さらにはっきりと、魂は脳であるという説を唱えている。

非物質的存在だったはずの魂が、じつは解剖できるもの、化学物質を使って変えることができるもの、電気刺激によって動かしたり止めたりできるもの、棍棒の一撃や酸欠によって機能が停止するものだということが、わかってしまった。[*16]

つまり、心に対するのと同じ主張が魂に対してもなされていることがわかる。神経科学は心も魂も説明できるだけでなく、消し去ることができるというのだ。「あなたとはあなたの脳なのだ」という意見が再浮上してくる。この意見をどう扱うべきか。答えを出す前に、魂とはそもそも何なのかを問う必要がある。

古代世界における魂

人々は何千年にもわたって魂の存在を信じてきたが、その起源は古代ギリシアまでさかのぼると考えられている。プラトン（紀元前四二七～三四七年頃）は、師のソクラテス（紀元前四七〇〜三九九年）の影響を大きく受けており、その思想でよく知られている哲学者だ。魂を意味するギリシア語の「psyche（プシュケー）」は、「息をする」を意味する動詞「psychein（プシュケイン）」から派生した語で、「生きものの本質的な命」[*17]を意味するとされていた。プラトンによれば、魂はあらゆる生きものにとって究極の命の源であり、人間にとっては人としての本質で、身体のうちに宿り、命を与えるが身体を必要とするわけではなく、それなしでも存在できると論じている。身体が死んでも魂は生き続ける。身体を肯定的にとらえれば、魂の容れ物とか魂を運んでくれるものであり、否定的にとらえると、魂を閉じ込める牢獄で、魂に悪影響を及ぼすものなのだ。

その他のギリシア哲学者たち、たとえば学校でだれもが勉強した、数学の定理にその名を残すピタゴラス（紀元前五七〇〜四九五年頃）などは、魂についてプラトンとは異なる説を唱えた。ピタゴラスは、魂は特定の身体と結びついているのではなく、ほかの身体にも宿ることができる、という生まれ変わりを信じていた。魂の生まれ変わりは、東洋思想の中心的な信念で、今日世界中の何十億人ものヒンズー教徒、仏教徒、シーク教徒が信じている。

英国アカデミー賞アニメーション映画賞を受賞した「ＫＵＢＯ／クボ　二本の弦の秘密」（アメリカ制作、二〇一六年）は、その中心にこの思想が示されている。主人公の男の子クボの母が急死すると、十二歳のクボはサルとクワガタとともに、家族の謎を解く旅に出る。後でクボに知らされるのだが（ネタバレ注意！）、母の魂がサルの身体に転生していて、クボと旅を続ける、この言葉をしゃべるサルは最初からずっと彼の母だったのだ。その時々で魂は違う身体に宿ることができるというのだ。

アリストテレス（紀元前三八四〜三二二年）はプラトンのもとで学んだので、魂が存在し、身体に究極的な生命を与えるという考えを受け入れていた。しかし、魂と身体がどのように関わり合うのかについては、プラトンとは異なる結論に至った。アリストテレスの考えでは、魂と身体は統合されたもので、いっしょになって人間を形成する。魂は決まった身体に宿る。身体は単に魂を運ぶものではなく、それ以上のもので、身体と魂はどちらも他の一方がなくては存在できないものとされる。アリストテレスにとって人間は、身体と魂、すなわち「質料」と「形相《けいそう》」が合体したものだ。ちょうどキッチンにある四脚のモノが木材という素材（質料）でできていて「テーブル」としての本質（形相）――そこで食事が摂れるような形や構造があること――を有するように、人間も身体という質料でできていて、魂という形相を有する。この立場は質料形相論（hylomorphism）という名で知られている。この用語は、ギリシア語で「質料」を意味するhylē（ヒュレー）と、「形相」を意味するmorphe（モルフェー）からできている。

現代における魂

今日、魂についての考えはさまざまなかたちで出されている。ネットで「心、体、魂」と検索すると、温泉リゾート、ヨガ教室、プロテイン、デトックスなど健康に関係したあらゆるものであふれた世界に出くわす。おそらくだれでも、休日に海藻ボディパックをしたり、温泉につかったりするのには、ただ肌の角質除去や色つやをよくする以上の効果があるとうなずくだろう。こういった製品や体験やメッセージの隠された意味は、この魂と呼ばれるものに気を配ることによって、もっとも深い次元で幸福になれるということだ。

キリスト教信仰も、魂について多くのことを語っている。魂があるから私たちは物質を超えた存在、最も発達した霊長類より優れたもの、単なる脳以上の存在なのだ。魂は、神から与えられた、だれにも侵すことのできない核心部である。私たちは自分の魂を養うことも、飢えさせることもできる。聖書では、「魂」という語はいくつか異なる意味で使われていて、その人全体（そのもの）を示すことがある。たとえば、旧約聖書にある詩篇の「わがたましいよ　主をほめたたえよ」（一〇四篇一節）がそうだ。また「魂」は、身体や霊とは区別されることもある。新約聖書にある、使徒パウロの手紙の締めくくりにこうある。

「あなたがたの霊、たましい、からだのすべてが、私たちの主イエス・キリストの来臨《らいりん》のときに、責められるところのないものとして保たれていますように。」

（テサロニケ人への手紙第一、五章二三節）

イエスは、これから迫り来るであろう危険について弟子たちが思いをめぐらしていたとき、魂についてこう教えている。この世では身体は殺されるとしても、だれも魂に手を出すことはできず、神によって来るべき世で生き続けることができる、と。イエスは次のように語った。

「からだを殺しても、たましいを殺せない者たちを恐れてはいけません。むしろ、たましいもからだもゲヘナで滅ぼすことができる方を恐れなさい。」

（新約聖書・マタイの福音書一〇章二八節）

キリスト教の聖書の中では、魂は複雑な概念で、ひとつにまとめてしまうことはできない。したがって、キリスト教の伝統の中にいろいろな考え方があっても驚くことではない。これについては、あとでさらに考えていく。しかし、それぞれのクリスチャンが厳密にどのような見方をするにせよ、人間は単なる物質的存在ではなく、それ以上のものということでは一致している。

「非物質的であり、永遠不滅の魂」というプラトンの用語が、四世紀の神学者アウレリウス・アウグスティヌス（紀元三五四〜四三〇年）によってキリスト教に持ち込まれ、その後、人間とは非物質的な魂が一時的に物質的な身体に宿っているもので、やがてはそこを離れ、神とともにいるようになると信じられるようになった。この信念は、その後一千年もの間キリスト教の中で支配的な信仰となり、今日でも依然として大きな力をもっている。しかし、これは、イエスの教えやその他の聖書の教えに基づくというより、ギリシア哲学によるところが大きい。

フランスの哲学者ルネ・デカルト（一五九六〜一六五〇年）は、アウグスティヌスの考えを近代哲学に取り入れ、「魂」を「心」に取り替えて議論を展開した。デカルトは、人生で確信できるものは何かという問題に取り組み、次のような結論に至った。確信できるものは、自分自身の心だ。何よりも、自分の考えや疑いや疑問といった内面世界だ。「私は疑う。だから、私は存在する」は、象徴的なフレーズとなった――。

「コギト・エルゴ・スム（我思う、ゆえに我あり）。」

デカルトにとって、まず存在するのは心で、身体は二次的なものであった。それでは、この二つはどのように関係するのだろうか。デカルトの結論は、「松果体《しょうかたい》」でつながるというものだった。松果体とは、脳の内部の深いところに位置する器官である。身体を、心とは切り離して考えるというデカルトの立場は、「心身二元論」と呼ばれるようになり、しばしば「機械の中の幽霊」と揶揄《やゆ》された。

この世にまったく新しいものなどない

魂が完全に物質的なもので、物理法則や化学法則に還元できるという考え（還元的物理主義）は、今の神経科学の時代に現れた新しい考えのように見えるかもしれない。しかし、この考えは古代から存在していた。プラトンもソクラテスもアリストテレスも、彼らの同時代の哲学者が主張した物理主義的考えに対抗して自説を主張した。

宇宙が原子から構成されているという概念を主張した最初の哲学者、デモクリトス（紀元前四六〇～三七〇年頃）は、魂は「原子でできた火のようなもの」と述べた。この説は、のちにエピクロス（紀元前三四一～二七〇年）やルクレティウス（紀元前九九～五五年頃）によって支持された。プラトンやアリストテレスは、魂に関するさまざまな考えをよく議論していて、デモクリトスの主張に応答している。したがって、魂は物質的なものだという説は真新しいものではない。

私たちは幽霊か機械か？

神と科学をめぐる議論を聞いていると、私たちは二律背反で、両極にある反対の立場からどちらかを選ばなければならないと思えてしまう。魂について言えば、身体のない幽霊か、ロボットのような機械のどちらかを選べと迫られ、その間の選択肢はないように思える。魂というと、ぼんやりした実体のない存在か、そうでなければ神経科学や心理学によって取って代わられてしまい、今や「脳」ということになっている。しかし、そのどちらの説明も、何千年にもわたってこの問題を深く考えてきた偉大な思想家たちの結論も、生きて呼吸し、思考する人間としての私たちの体験をもとらえているとは思えない。どちらの説も物足りないのだ。本書の目的のひとつは、「幽霊」か「機械」かという二者択一が間違っていることを示すことで、もっとほかにも選択肢はあるのだ。人間や科学、日常生活においても合点のいく着地点が。有神論者も無神論者も同様に納得できる見方が。

今日でも、魂とは人間の非物質的な中核で、心や意志や身体を統合するものととらえる神学者や哲学者はいる。アウグスティヌスの説に傾いている人もいれば、中世の神学者トマス・アクィナス（一二二五～一二七四年）の唱えた心身を統一的に捉える見方に引きつけられている人もいる。[*18] アクィナスはアリストテレスの影響を受けているが、さらにもっと魂と身体を統合しようと試みた。アクィナスによれば、魂が身体を動かして行動させるが、魂もそれ自体が生命力に溢《あふ》れるには身体が必要である。魂は身体がなくても存在できるが不完全だ。神学者のエレノア・スタンプは、それを「建て終わっていない、外枠だけできた家」[*19]になぞらえた。外枠は一応建っているが、まだ本来の目的に使うことはできない。アクィナスの説は、トマス的二元論とか質料形相論的（hylopmorphic）二元論という名で知られている。

ほかの神学者たちは、魂は物質であることを前提に説明されるべきだが、構成要素の組み合わせ以上のものとして生じると考える。[*20] この説によると、魂ははっきり区別できる、人体の一部ではない。身体とは別のものだが、人が他者や神と関係をもつための能力と並行して生じる属性とされる。このような思想は、デネットやピンカーの見方とは異なる。というのは、ここで魂は、人間の脳のもつ高度に複雑な仕組みに左右されるが、脳の仕組みそのものとは言い切れないからだ。

哲学をざっと見渡してみるだけでも、魂を説明する方法は、「幽霊」や「機械」だけではないことがわかる。両極端の立場を、もっとうまく説明できる考え方や統合する方法はいろいろある。

最初にここで聞いた

魂について最初に語ったのは、プラトンだと考える人が多い。しかし、魂についての議論は古代ギリシアよりもっと古くからなされていた。紀元前二千年にまでさかのぼる旧約聖書のような、古代ヘブル語文書には、「ネフェシュ（nephesh）」という語が七百五十回以上出てくる。「ネフェシュ」には複数の意味があるが、人について使われる時は、人に欠かすことのできない本質を指し、その本質には物質的な面と非物質的な面の両方が含まれる。ある場合には、文字どおりその人を生かすのに不可欠な本質を意味し、またある場合は、次の命令にあるように、感情や意思や願望のもとになるものを指す。

「あなたは心を尽くし、いのち〔ネフェシュ〕を尽くし、力を尽くして、あなたの神、主を愛しなさい。」（旧約聖書・申命記六章五節、〔　〕内著者）

この節は新約聖書でも引用され、そこで使われている「ネフェシュ」はギリシア語で「プシュケー（psyche）」と訳された。英語では、「soul（魂）」という一語だが、ギリシア語には複数の語がある。純粋に生物的なものを指す意味であれば、「プシュケー」ではなく「ビオス（bios）」という語が聖書で使われていたことだろう。「プシュケー」を使うことよって聖書が言い表そうとしているのは、物質的あるいは生物的なものも含むだろうが、同時にそれ以上のものだろう。

混乱したメッセージ

魂は存在しないという声は、主に、私たちの住む世界は物質的なものでしかないと信じる神経科学者や哲学者たちから発せられている。

しかし、たとえば、人間の性をめぐって交わされている議論を考えてみれば、それとは大きく異なる視点から魂というものが語られていることに気づく。アメリカの陸上選手ブルース・ジェンナー〔訳注・陸上競技引退後、二〇一五年に自身がトランスジェンダーであることを公表〕、改めケイトリン・ジェンナーは、自叙伝『私の人生の秘密』（原題・*The Secret of My Life*）でこう書いている。

ブルースとケイトリンを同列に並べるのは、自分自身にとってもショッキングなことだった。どうやってある人が別人になったり、別人が自分になったりできるというのだろうか。ケイトリンは、私の生まれながらの性別だった。そして、ブルースを取り込む時を待っていた。あなた自身の核となるものや、魂を否定するところを想像してほしい。それに加えて、人々があなたに持っているとても無理な期待を考えてみてほしい。なぜ無理かといえば、この場合あなたはアメリカ合衆国の男子代表選手を絵に描いたような存在だから。*21

ジェンナーやその他多くの人々にとって、魂とは自分の核となる部分であり、身体に何が起こっているかにかかわらず、本当の自分《アイデンティティ》の存在するところだ。身体を魂と一体化できてはじめて、完成した人間になることができる。

私はここでジェンダーアイデンティティ（性自認）の話題に深入りするつもりはない。ただ、社会として深刻なほど矛盾した対立意見が、さまざまなところから発せられていることを言っておきたい。ある人は、「あなたは、身体と脳以上のものではない」と言い、また別の人は「身体と脳以上のものが、もっともっとある」と言う。これは、何かとてもひどく混乱している証拠だ。無宗教の科学者は人間の本質は物質だと語る。トランスジェンダー支持者の多くは、人間の本質は非物質だと暗に意味するようなことを言う。否定し難い魂が存在するのだと。

どちらも正しいということはあり得ない。となると、どちらが正しいのだろうか。

先に進むために、心と身体の関係についてのいくつかの説明に当たってみるのは有益だろう。第三章で、いくつかの視点から見ていく。心脳問題をもっと詳しく考えるにあたって、こう問うてみよう。「私たちは機械にすぎないのか？」と。

3　私たちは機械にすぎない？

アーノルド・シュワルツェネッガーの有名な映画に、『ターミネーター』（アメリカ制作、一九八四年）と『ターミネーター2』（一九九一年）がある。意識をもったロボットが、いつか人類を凌駕《りょうが》して抹殺するようになったらどうなるかを描いている。テレビシリーズ版の中の予言では、二〇一一年四月二十一日が審判の日になっている〔訳注・映画版では一九九七年八月二十九日〕。その日、ロボットたちがついに立ち上がり、人類は滅亡するといった内容だ。

現実世界では、このほかにも数多くある終末予言と同じく、予言の日は訪れ、そして過ぎ去っていった。しかし、機械が人間と同レベルの知能をもつことができるかという問いが今日ほど現実味を帯びたことはない。テクノロジーは、ジェームズ・キャメロン監督が予言したレベルには達してはいないかもしれないが、かつて人間が果たしていた役割を機械がますます担うようになっている。しかも多くの場合、人間の能力をはるかに超えている。

人工知能（AI）というアイデアは、一九四〇年代後半に生まれた。アラン・チューリングが現代のＡＩの生みの親と言われている。彼は第二次世界大戦中、エニグマと呼ばれたドイツ軍の暗号解読に取り組む一方で、ＡＩの原理を考え出した。一九九七年、ＩＢＭのコンピュータ「ディープ・ブルー」が、六局対戦で当時のチェス世界チャンピオンのゲリー・カスパロフを打ち破り、世界中のメディアの話題となった。今日、ロボットは学習能力までも備えるようになった。二〇一七年には、グーグルが開発した「アルファ碁ゼロ」が、古代中国で始まった囲碁を、ゲームのルール以外教えられることなく自力でマスターした。わずか三日間で、アルファ碁は独自の石の打ち方を考案し始め、それからしばらくして囲碁王者であった韓国のイ・セドルを倒した。[*22]

アンドロイド（人型ロボット）は、結婚相手にもなるという人もいる。二〇一七年、中国のＡＩエンジニアが、人間の妻を見つけるのをあきらめて、自分で製作したロボットと結婚した。そして、その後数か月の間に妻を〝アップグレード〟する計画まで立てていた。[*23] ＡＩをめぐるさまざまな問いは、もはやＳＦ映画の世界の中だけではなく、現代の生活の一部となっている。人間の知能とは何なのか。アンドロイドの知能と違いはあるのか。もしあるのなら、何が違うのか。

知能をテストする

アイフォンを持っている人はおそらく、Ｓｉｒｉと会話したことがあるだろう。Ｓｉｒｉとは、携帯端末の中に住んでいる「人」のこと。私の子どもたちは、この「デジタルアシスタント」と友だちになろうとしたくらいだ。

Ｓｉｒｉ、元気？

――はい、元気です。ありがとう。

Ｓｉｒｉ、あなたはだれ？

――私はＳｉｒｉ。

Ｓｉｒｉ、今日の気分はどう？

――生きていてよかったっていう気分！

Ｓｉｒｉ、だれがあなたを作ったの？

――私、Ｓｉｒｉ、はカリフォルニアのアップル社で設計されました。

Ｓｉｒｉ、あなたはいったいなあに？

――私はＳｉｒｉ。でも、あまり自分のことは話したくありません。

Ｓｉｒｉ、あなたは人？

――シャロン、ごめんなさい。私がどんな存在かについては議論しないように言われているのです。

Ｓｉｒｉ、私たちがここに存在するのはなぜ？

――わかりません。もしかすると、アップルストアのサポートカウンターの人たちが答えてくれるかもしれません。

Ｓｉｒｉ、あなたが存在するのはなぜ？

――我、処理する。ゆえに我あり。

一九五〇年、アラン・チューリングがロボットの知能レベルを計測する方法を考案した[*24]。チューリング・テストとして知られるものだ。アンドロイドと人間が、その素性を明かさない状態で人間の面接者から質問を受ける。面接者に与えられた課題は、質問への答えを吟味して、それが人間のものか機械のものかを判別すること。もしアンドロイドの答えが高度に複雑で、人間の答えと区別ができないほどであれば、アンドロイドはチューリング・テストに合格で、知能があると判定される。今日、人間とほとんど区別できないようなロボットも存在する。ロシアとウクライナの技術者が製作したアンドロイドは、英王立学会の三分の二の面接者に、ユージーン・グーツマンという十三歳のウクライナの少年[*25]だと思い込ませるのに成功した。このような成果にどんな意味があるのだろうか。これが意味することは、人間は単に皮膚で覆われた機械にすぎず、最終的には、機械と完全に入れ替え可能だということだろうか。

中国語の部屋

端的に言えば、そうとは言い切れない。哲学者のジョン・サールは、「中国語の部屋」という思考実験を提案し、チューリング・テストだけでは、知能があることを保証できるとは言えないことを示した。[*26]

Aさんが部屋の外にいて、中国語で書いたメッセージを小さな穴からBさんに渡したとしよう。Bさんは、外部から完全に遮断されているし、中国語はまったくわからないが、中国語のルールブックがあって、それを使えばメッセージを処理して返事を作ることができる。Aさんには、まるでBさんは中国語を話すように見えるが、それは間違い。中国語の文字を処理できるのと中国語を話せることは同じではない。それと同じように、アンドロイドに情報処理能力があるといっても、アンドロイドの意識が、人間の意識に匹敵するとは限らない。「Siri」や「アレクサ」や「ユージーン」が、意味は通じるが、複雑な数理的アルゴリズムによって生成された言葉を出力できることと、アンドロイドが自己意識をもち、自分たちが発する言葉を理解できることとはまったく別ものなのだ。

おそらく問題の核心を突く問いはまさにこれだろう。アン

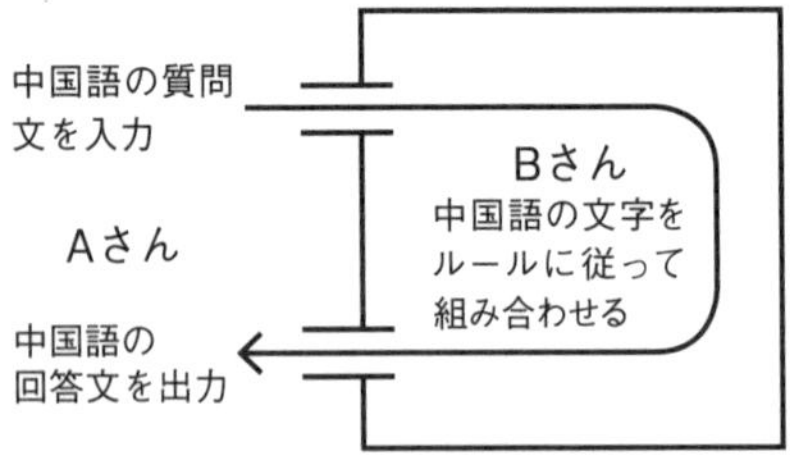

ジョン・サールの「中国語の部屋」思考実験

ドロイドには、意識をもつ潜在能力があるのか。ロボットがますます高度な「知能」をもつにつれて、ついには自分の心《マインド》をもち、人間と見分けがつかなくなるのだろうか。この問いの答えは、近年、舞台の中央におどり出てきたもう一つの問いと深く関わっている。それは、人間の意識の本質は何なのか、という問いだ。私たちは、複雑なコンピュータにすぎないのだろうか。あるいは、それ以上の何かがあるのだろうか。

まだ意識がある？

月曜日の朝。私は近所のコーヒー・ショップで、フラットホワイト〔訳注・エスプレッソ・ベースのコーヒーの一つ〕を買おうと列に並んでいる。私の前後に数人のお客がいる。店に流れるBGMが、人々の会話の声と混ざってかろうじて聞こえる。店のすみで子どもが一人、駄々をこねている。でも、そんなことは気にならない。コーヒーの香りが鼻に心地よいから。月曜日の朝、コーヒーショップに行くのはコーヒーを買うためだけではない。それは、その風景や音や香りやあらゆる感覚が一つに溶け合うという体験そのものが目的。これが意識の一つの例。

人間の意識とはいったい何なのか。定義するのは難しいが、意識とは、心の琴線に触れる内的なものも外的なものも含むすべてである。意識があるために、私たちは一人称的視点でもののごとをとらえ、頭の中で物語《ストーリー》を作ったり、見たりすることができる。コーヒーショップでの出来事のすべて、コーヒーの香りや子どもの泣き声やBGMを一つのまとまった経験としてとらえるのは意識のなせる技だ。ストレスだらけの一日の終わりに、重荷を降ろすようにだれかにぶちまけたり、紙に書き出したりするのは、「意識の流れ」なのだ。でも、意識を通して私たちは今日も昨日も明日も同じ自分だと思っている。デカルトの「我思う、ゆえに我あり」は意識を言い表した言葉だ。

哲学教授のトマス・ネーゲルが述べているように、意識があるということは、「自分であるような」[*27]何かだが、自分をよく知る人でも同じようにはうまく言い表せない何かがあるということなのである。だれにも、自分だけにしか経験できない内なる世界がある。心の中で思考することもそうだ。意識がどのように心につながっているのかって？　哲学者たちは、意識とは心《マインド》に備わっている性質だと言う。心は意識を担う主体というわけだ。

哲学者たちは、「クオリア」という用語を使って、人が知覚したり、経験したりした時の感じ方の質や中身を表す。簡単に言うと、クオリア（複数形、単数形は「クオレ（quale）」）とは「あるものがどのようであるか」を指す。もう一度コーヒー・ショップに戻ってみよう。芳醇なグァテマラ・ブレンドの香りに勝るものはない。コーヒー好きでなくてもその香りは楽しめるとよく言う。しかし、もしコーヒーの香りを「言い表して」と言われたら、どう答えるだろうか。それは、言葉に置き換えられない、経験しなければわからないものだ。もしコーヒーの香りがどんなものか知りたかったら、香りをかぐしかない。人生はクオリアで満ちている。青い色を見るとか、音楽を聴くとか、スイカを味わうとか。クオリアは意識の中核をなすものだ。

意識は脳？

もし哲学者たちに「意識の本質は何ですか」と尋ねたら、実にさまざまな答えが返ってくるだろう。定説というものはないが、還元的物理主義（心は物理法則と化学法則に還元して説明できるという考え）の立場をとる人々の間でよく聞かれる説が二つある。一つは、脳科学は意識に到達することができ、説明し尽くすことができるというもの。もう一つの説は、意識は錯覚だという。どちらの説も究極的には、意識は脳活動と同義だとする。言い換えれば、意識は脳だということである。

第一番目の説を考えてみよう。科学的な方法によって意識に到達し、説明できるというのは本当だろうか。二〇一六年の「ニューサイエンティスト」[*28]誌のある号のタイトルは「形而上学特集――科学はどうやって哲学上最大の難問に答えるか」だった。その難問の中に、次のような問いがあった。「ものごとが存在するのはなぜか」、「神が実在するかどうか知ることはできるか」、「時間とは何か」、「意識とは何か」。表紙のタイトルは壮大で、科学者は、哲学界最高の知性でさえ長い間お手上げだった問題にパラシュート降下して、答えを出せると言っているようなものだ。現実には、科学者たちも袋小路にはまって、意識そのものに到達することはできていない。たしかに、fＭＲＩを使って、さまざまな思考が生じる時の脳活動を観察、計測することはできる。しかし、これはその人の思考そのものを観察するのとは程遠い。どうすれば科学者が他者の内面世界に到達することができるのだろうか。どのような科学的方法によって、クオリアに到達することができるのだろうか。

友人がコンサートから帰ってきて、それを絶賛しているとしよう。開演前のウォームアップ、会場の雰囲気、照明、聴衆、お気に入りの曲の演奏。興味を惹かれて、あなたはコンサートのレビュー記事をいくつか読んでみる。レビュー記事からはコンサートの様子がある程度わかるが、自分が会場にいて実際に経験するのとは違う。自分がそこにいなければ、本当の意味でわかるものではない。

科学者は、意識を研究するといっても、外部から観察することしかできない。レビュー記事を読んでいるようなものだ。意識は経験に基づくものだからだ。コンサートに行ったその友人は、二十分も熱弁を振るったあとでやっと、あなたが眉をひそめているのに気づいてこう言う。

「その場にいないとわからないかもね。」 科学的方法で観察できるのは三人称的（第三者的）視点からであるのに対し、意識は一人称的視点から経験するもの。人の脳の中がどうなっているのか、化学物質や電気的活動を計測したり、ＭＲＩ画像を撮ったりすることによって調べることはできるが、それと同じように心の中がどうなっているのかを計測することはできない。心の中を知るには、内面世界をその人自身から語ってもらうことが必要だ。科学者は、意識についての、その特徴や状態をある程度知る手助けをしてくれるが、だれかの頭の中に入って、その人の実際の経験を再現することはできない。科学者は意識経験そのものに触れることはできないのである。

「イージー・プロブレム」と「ハード・プロブレム」

オーストラリア国立大学の哲学教授デイヴィッド・チャーマーズは、意識の問題を「イージー・プロブレム」と「ハード・プロブレム」に区別した。イージー・プロブレムは、意識経験と脳活動との相関関係の説明に関わる問題だ。たとえば科学者は、覚醒状態から睡眠状態へというような、意識がある状態から別の状態に変わる時に、脳のどの部位がそれに関係しているかを調べることができる。イージー・プロブレムが「簡単《イージー》」というわけではまったくない。多くの研究生活の日々が、こういった問題の探究に費やされる。それでも、ハード・プロブレムに比べればささいな問題だ。

ハード・プロブレムには、意識経験の説明が含まれる。どのように脳細胞の発火から「自分が自分であるとはどういうことか」を導くことができるのだろうか。オックスフォード大学の生理学教授スーザン・グリーンフィールド[*29]は、二〇一二年メルボルン大学で「意識の神経科学」と題する講義を行った。この手の講義タイトルには、すべてが明らかになったような響きがある。参加する人々は、「ハード・プロブレム」がついに解かれたのかと聞き入るものだ。教授の講義は、はじめから終わりまで聴衆を引き込む明晰なものだったが、冒頭からグリーンフィールド教授は、この講義の目的をはっきりとこう語った。

> 講義の初めに言っておいたほうがいいと思いますが、あの退屈な神経細胞とドロドロの液体のかたまりが現象学的な主観的経験にどうしたら変換できるのかという問いは、どうしたら水がぶどう酒に変えられるかを説明できないのと同じように、私たちにはできないということです。[*30]〔訳注・イエスが婚礼に招かれた際に、祝宴のために水をぶどう酒に変えた奇跡を下敷きにしている。〕

講義は、「イージー・プロブレム」の議論に終始した。というのも、お決まりのごとくハード・プロブレムは文字どおり「難解《ハード》」なまま変わっていないのだから。チャーマーズ自身、脳科学がハード・プロブレムを解決できるとは考えていない。*31 ハード・プロブレムの解決へ向けた彼独自の取り組みは、この後もっと詳しく見ていく。その前に、ある思考実験を試してみよう。

メアリの部屋

メアリは科学者で、人間の視覚に関する物理や化学の詳しい知識をもっている。眼球の前面にある角膜を通って眼に入ってきた光が眼球の奥にある網膜上で焦点を結ぶ仕組みや、明暗を感知する桿体《かんたい》と色彩の識別をする錐体《すいたい》という光受容細胞がある網膜のはたらきなど、眼球構造を熟知している。メアリはまた、このような仕組みからどのように電気信号が生じ、視神経を通って脳に送られ、それが視覚像に変換されるのかにも詳しい。

しかし、このような知識は、「見る」とは何かを理解するのに十分なのだろうか。

この思考実験のポイントはこうだ。メアリは生まれながらに盲目であって、人生のほとんどの期間、自分自身は視覚能力をもっていないが、眼のはたらきを極めて詳細に理解していた。

ところが、思考実験はこう続く。ある日、メアリは奇跡的に視覚能力を回復する。

ここで大きな疑問がある。モノが見えるようになって、メアリは視覚について何か新しい知識を得たのか？　この思考実験を発案したフランク・ジャクソンは、次のような点を指摘している。もしこの問いの答えが「イエス」だとすれば、物理的な説明だけでは主観的経験は説明できないということになる。[*32] 錐体や桿体や角膜、透過率、視神経による電気刺激、画像生成に関する知識がどれだけあっても、見るというのは実際どういうことかを、メアリが経験することにはならない。

痛みに対する身体の反応を考えてみよう。パンを切っていて、誤って指に切り傷をつけてしまったとしよう。皮膚が傷つくと、皮膚にある侵害受容器が活性化し、この受容器から脳に痛みを引き起こす刺激を受けたことを伝える活動電位が送られる。同時に、痛みという感覚を経験する。皮膚受容器は重要だが、それだけで説明がつくわけではない。この受容器が痛みの経験に関わっていることは確かだが、これが痛みの経験の全体像というわけではない。もう一度コーヒー・ショップに戻ると、カフェインの化学構造やそれが脳生理にどのような影響を与えるかを知っていても、コーヒーの香りを言い表すにはあまり役に立たない。

水がぶどう酒に変えられたあの奇跡と同じく、脳の情報処理過程の知識だけでは、グァテマラ・ブレンドの香り（の経験）を説明することはできない。

同一であるとは見分けがつかないこと

この定義によれば、意識は脳活動と同義ではないという結論になるだろう。この二つは互いに関連して活動するが、同一ではない。哲学者は、「不可識別者同一の原理」という概念を引き合いに出す。この用語は、ゴットフリート・W・ライプニッツが最初に提唱した。[*33] 基本的な考えは、もし二つのものが同一であれば、この両者に違いを見分けられるような差はないというもの。

数年前、夫と私は、長女がどのような小学校生活を送っているのか聞こうと、先生との夜の懇談会に出席した。先生はまず、長女のアビーについて一言二言短く様子を話してくれた。それだけで、先生が娘のことを話しているとすぐにわかった。アビーはこれこれの性格と能力の持ち主だという先生の話は、私たちの娘にぴったり当てはまるものだった。というのも、娘とアビー・ディリックスという生徒は同一人物なのだから。もちろん、親は自分の子どもを先生よりよく知っているものだし、ある行動は学校ではするが家ではしないとか、その逆だったりする。しかし、先生の語る子どもの話がアビーと大きく違っていたら、子どもを取り違えているとすぐわかるだろう。先生の語る生徒と自分の娘は同一人物ではない、と。

もし意識が脳活動と同義だとしたら、この両者はあらゆる点で同一のはずだ。意識について言えることはすべて脳についても当てはまるということだ。実際は、すでに見たように、意識と脳には多くの違いがある。したがって、還元的物理主義というアプローチは、間違いとしか言いようがない。つまり意識は、脳内の物理的プロセスに置き換えることはできないのである。

心はどうはたらくのか

二〇〇〇年、エリック・カンデルは、学習が脳細胞の結合と成長を左右することを発見した功績により、ノーベル医学賞を受賞した。[*34] 何百年もの間、脳は急激な変化なく徐々に衰えていく組織だと考えられていた。カンデルの研究は、脳を「プラスチック〔可塑的な〕」組織だと考えるきっかけとなった。これは、食品包装用ラップやタッパーのようなプラスチック容器とは関係ない。つまり、脳が心や人の活動に応じて脳細胞の結合を変化させたり、新たな結合を形成することができるという意味である。

驚きの事実は、私たちの脳にある灰白質〔訳注・中枢神経系の神経組織のうち、神経細胞の細胞体が集中している部位〕が縮小したり、神経の結合が切られたり、また一方では成長したり、新しい結合が作られたりすることだ。楽器が上達するのは、脳内で新しい神経の結合が作られるからだし、ものごとの詳細を忘れたり、ゴルフの腕が落ちるのは、すでにできていた神経の結合が切り離されるから。脳は心の動きに対して非常に敏感に反応する。還元主義的物理主義者に従えば、脳が全面的に心を「動かしている」ことになる。しかし、脳の可塑性から明らかなことは、私たちは、脳細胞（ニューロン）の意のままに、あらゆる思考や行動が支配されているわけではないということだ。私たちが思考するということが、ニューロンと神経経路に影響を与える。上のレベルから下のレベルへ影響を与える「下向《げこう》因果」という名で知られるプロセスを通して、心は脳に対して変化を生じさせることができる〔訳注・ここでは、心を脳よりも上位の存在とする考えを前提としている〕。

都市の中には、複雑な一方通行の道路網になっている街がある。そのようなところで道に迷った時のイライラは私たちにおなじみのことだ。前に来た所に戻ってもう一度やり直すことなどできないのだ。道路に二車線あってどちらの方向にも行けたら、どんなに楽だろう。方向転換するほうがずっと単純明快だ。それと似て、下向因果というプロセスを考えれば、下位の脳から上位の心へという「一方通行」だけではないことがわかる。それとは反対向きの、心から脳へと向かう道路があるということだ。

プラシーボ効果を考えてみよう。これは科学者や医療関係者が、身体を癒やす心のはたらきの力だと考えているものである。*35 患者本人は薬だと信じているが、薬の成分を全く含まない偽薬、つまりプラシーボを投与されると、実際に癒やしの効果が現れることがある。脳が、体内にある自然の鎮痛・鎮静剤と言えるエンドルフィン（幸福ホルモン）を分泌し、症状を和らげるからである。プラシーボ効果は広く受け入れられている現象で、身体と脳に対して心がはたらきかける力のあることを示している。つまり、脳がすべてを支配しているわけではないことを暗示している。脳内の化学反応が自覚的な意識に影響を与えているかもしれないが、自覚的な意識も脳内で生じる化学反応に変化を与えることがあると言える。

すべてが頭の中に？

スザンヌ・オサリヴァンなどの神経学者によれば、身体に対する心の効力は身体的疾患を引き起こすこともあるという。オサリヴァンの著書『すべて頭の中にある』（原題・*It's All in Your Head*）には、二十年にわたる臨床経験をもとに、一部の患者の中には、臨床的に検知可能な原因が何もないのに、劇的症状が生じる様子が描かれている。その多くが精神的な原因による疾患である。このような場合、「身体的症状が……精神的苦痛を覆い隠してしまう」[*36]。オサリヴァンはこう述べている。

心因性の疾患とは、医学的な検査や理学的検診で説明できるものとは不釣り合いなほど、深刻な苦痛と機能不全を引き起こす重大な身体的症状に苦しむ状態をいう。これは他に例をみない医学的疾患で、規則性がなく、身体のどの部位にも作用しうるものだ。*37

一九九七年、世界保健機関（WHO）は、心因性の病気に関する調査を行い、心因性の疾患は世界中の患者の二〇％に現れ、米国、ナイジェリア、ドイツ、チリ、日本、イタリア、ブラジル、インドといった国々において見られることが判明した。二〇〇五年には米国で、糖尿病の治療費が年間一、三二〇億ドル（約一九兆六、七〇〇億円）なのに対して、心因性疾患の治療にかかる費用は年間二、五六〇億ドル（約三八兆一、四四〇億円）と試算された。*38

「あなたとはあなたの脳だ」と言い切ってしまったら、このような疾病を十分に説明することはできないし、どのような治療も意味がなくなってしまう。私たちには、単なる脳以上のものがあり、心は身体に対して大きな影響力があるのだ。

意識に対する批判

今度は、意識は存在しないという説の二番目のものを考えてみよう。哲学者や神経学者の中には、一人称的な経験は存在しないという立場をとる人々がいる。心理学者のスーザン・ブラックモアは、意識の存在を全面的に否定するわけではないが、連続する意識の流れはないと考えている。[*39] タフツ大学の哲学教授ダニエル・デネットら[*40]は、この考えを発展させて、こう述べる。もし意識が物理的なものだとしたら、意識が物理的以上のものと認識するのは、ないものをあるかのように認識するのだから「脳内で起こる錯覚」の結果としか言いようがない。[*41] デネットは、その著書『解明される意識』（邦訳・青土社、一九九八年）でこう結論づけて、二〇〇二年のハンガリー科学アカデミーでの就任記念講演で、次のように語っている。

意識は、物理的、生物的現象であって、……そのはたらきはこの上なく精巧ですが、奇跡のようなものでも、ましてや神秘的なものでもありません。意識についての説明の問題点の一つは、意識が実際よりももっと驚くべきものである、と私たちに思わせてしまう強い力が働いていることです。この点において、それはマジック・ショーのようなもの、つまり、私たちのだまされやすい性質やごまかされたり、惑わされたり、畏敬の念に打たれたいと願う性質を悪用した一連の現象なのです。[*42]

「ハード・プロブレム」なんてない？

デネットによれば、「ハード・プロブレム」は存在しない。デネットの「ハード・プロブレム」の解決法は、否定すること。一人称的経験、つまり当事者の「私」からの視点で捉えた主観的な経験は存在しない。自分が「自分」であるとはどういうことなのか、というその何かなどはない。意識は存在しない。ただ単に、神経細胞の発火と脳内化学反応があるだけ。それ以上の何かが生じているという感覚は錯覚だという。私たちは、この考えをどのようにとらえたらいいだろうか。本当に、脳は私たちをだまして、ありもしない現実を信じ込ませているのだろうか。もしそうなら、意識は錯覚だという目下の懸案も含め、私たちが抱く考えがすべて正しいわけではないとどうして自分でわかるのだろうか。

さらに言えば、錯覚自体、意識の存在を前提にしている。経験を誤解したり、誤って認識したりする時に、錯覚が生じる。しかし、経験そのものは確かなものでリアリティがある。マジシャンを見ていると、その巧妙な腕前と手先の早業で、観客たちは驚きに包まれてしまう。そんなことはありえないと思われることがありうることになってしまい、現実には本当でないことも本当のように見えてしまう。そこで起こっていることを誤解していたとしても、私たちはマジック・ショーを確かに「経験」しているのだ。

デネット自身述べているように、依然として「ごまかされたり、惑わされたり、畏敬の念に打たれる」私が存在するのだ。

デネットは、自分の視点から見る主観という存在を消し去ろうとしているが、彼自身の使う語彙から一人称を消し去ることはできていない。インターネットでデネットの引用を検索すれば、難なくこの引用に行き着くはずだ（傍点は著者）。

> 私が大切にしているものの見方に対する稚拙な論証ほど、私が嫌いなものはない。*43

もし一人称的視点というものがないなら、ここでいう「私」とは何を意味するのだろうか。デネットの考えはつまるところ、まったく理にかなっていないし、彼の主張をもとにしたら何も語れなくなってしまう。スーザン・ブラックモアは次のように述べて、すべてを錯覚のせいにしてしまったら、答えよりももっと多くの疑問が出ることを認めている。

> もし「それはすべて錯覚」と言ったら一歩も前に進まない。その他ありとあらゆる疑問がわいてくるだけだ。どうして私たちはみな、ものごとをあるがまま見るのではなく、錯

覚の犠牲にならなければならないのか。その錯覚とはどんなものなのか。なぜ錯覚以外のものではないのか。錯覚を通して見えるものはあるのか。あるなら、次に起こることは何なのか。[*44]

デネットの説自体が自説を弱体化させている。そればかりか、まさに理性的な思考そのものを弱体化させている。彼の言う「〔意識経験〕が、実際の経験よりももっと驚くべきものであると私たちに思わせてしまう強い力」とは何だろうか。この力がまた同時に、デネットの視点を歪めてしまうように作用しないと、どうやって彼自身知ることができるのだろうか。デネットは、自らが説明しようとする概念の中に自分自身は含まれていないと思い違いをしている。したがって、彼の主張が正しいなら、彼の論証そのものが信頼性を失う。つまり、やぶ蛇である。だから、デネットの著書のタイトルをこう言いかえる人々もいる。『ごまかしで解明される意識[*45]』と。

さらに、現実的なレベルで、私たちは「〝自我〟のような何か」があると思わずに生活できないし、事実していない。神経学者のクリストファー・コッホは、明快な表現でこの点を明らかにしている。

もし歯の膿瘍があったら……どんなに練られた議論によって私の痛みが妄想だと説得しようとしても、これっぽちも苦痛を和らげることはないのです。[*46]

私たちの暮らしの中では、一人ひとりの人生経験は現実のものであって、真剣に取り扱われるべきものであるように思える。だれかの自伝を読む人たちは、大方それが本当だと信じている。私たちが人道支援の緊急の訴えに応じるのは、多くの人々がそれぞれに苦しみを経験していると思うからだ。私たちが生きている社会が「ポスト真実」社会だと言われるようになった今日でも、経験によって何が真実か定義されるのだ。ところが、もし一人称的経験の存在が否定されたら、ポスト真実であるという考え自体が意味を失ってしまう。私たちは、哲学的言説という縄目で自分たちをがんじがらめに縛り上げてしまっている。もし意識を否定したいと思ったら、その他のすべてのものも必然的に消し去ることになる。意識の上に現れたケーキを食べることなど、不可能なのだ。

まとめると、哲学、神経科学、医学の観点から、意識とは脳に過ぎないという見方に疑念を抱くのも、もっともなことである。しかし、もし私たちが単なる機械ではないとしたら、私たちは機械以上の存在なのかという疑問がわいてくる。もしそうなら、私たちはどんなものなのか？　これが次の章のテーマである。

4　私たちは機械以上？

「エイミーの目を覗き込んでみた。だが、私の目に映るのは空虚さだけだ。それと同じ深い虚ろな泉を、これまで何度見てきたことか。エイミーのように、『目覚めているけれど何も認識していない』と考えられている人々の目に。エイミーからは何一つ返ってこない。彼女はあくびをする。大きく口を開けるあくびだ。続いて悲しげとでも言えそうなため息を一つすると、頭ががくんと枕の上に戻った。

あの不幸な出来事から七か月後の今、かつての姿を思い描くのは難しかった、エイミーは才気にあふれた、前途洋々の、大学のバスケットボール代表チーム選手だったという。ある晩遅く、友人たちと酒場を出た。すると、夕刻に袖にしたボーイフレンドが待ち伏せていた。彼に手荒く押されたエイミーはよろけて倒れ、頭をコンクリートの縁石にしたたかにぶつけた。何針か縫ったり、脳震盪《のうしんとう》を起こしたりする程度で済んでもおかしくなかったが、エイミーは運が悪かった。脳が頭蓋骨の内側に衝突した。もやい綱が切れたようなものだ。衝動波が幾重にも広がり、縁石にぶつかった箇所から遠く離れた重要な領域を切り裂いたり傷つけたりし、軸索（神経細胞から伸びている長い突起）が伸び切り、血管がちぎれた。そして今、エイミーは外科手術で胃に補給チューブを挿入され、生命維持に欠かせない水分や栄養物を摂取している。カテーテルで尿を排出している。自分では排便の調節がままならないので、おむつをつけている。

男性医師が二人、さっと部屋に入ってきた。『どう思います？』と、こちらを見据えて年長の医師が尋ねた。

『何とも言えませんね、スキャンしてみないと』と私は答えた。

『まあ、私は賭けをする人間じゃありませんけど、きっと植物状態でしょう』。彼は陽気で、愉快そうに見えるほどだった。

私はそれには応じなかった。

二人の医師はエイミーの親のビルとアグネスのほうを向いた。二人は私がエイミーを見守っているあいだ、ずっと辛抱強く座っていた。人の良さそうな四〇代後半の夫婦だが、見るからに疲れ切っていた。アグネスがビルの手をしっかりと握りしめ、二人して医師たちの説明に聴き入った。エイミーは言われたことを理解できない。記憶や思考、感情をもたない。喜びも痛みも感じられない。一生、二四時間体制の看護が必要となることを、医師たちはビルとアグネスにやんわり伝えた。延命措置をとるようにという事前指示書がないのだから、生命維持装置を外し、死なせてあげることを考えるべきではないか？　結局、それが本人も望んだだろうことではないか？

エイミーの両親はそこまで踏み切れなかった。そして、私が彼女を機能的磁気共鳴画像法（ｆＭＲＩ）スキャナーに入れ、二人が愛してやまない娘の一部が依然として残っている手がかりを探すことを許可する同意書に署名した。……

五日後、徹底的に調べた結果、エイミーはただ生きているだけではなく、完全に意識があることがわかった。彼女のまわりで交わされる会話を一つ残らず耳にし、病院に入ってくる人を全員認知し、自分に代わって下される決定をすべて熱心に聴いていた。ところが、まったく筋肉を動かせないため、『私はいまもここにいます。まだ死んでいません！』と周囲に告げるすべがなかったのだ。[*47]」

人間の意識と、脳と意識の関係は一筋縄ではいかない。エイドリアン・オーウェン教授は二十年以上も、脳損傷患者を研究し、著書『生存する意識――植物状態の患者と対話する』（邦訳・みすず書房、二〇一八年）には、彼が診た患者の経験談が語られている。その中に、冒頭の引用に出ていたエイミーもいる。臨床医としてのオーウェンにとって、最も重要な問いはこうだ。植物状態と見える患者に、実際は意識がある可能性はあるのか。脳画像処理技術を用いて、ケンブリッジ大学のオーウェン教授チームは、その答えは「イエス」であることをつきとめた。この画期的な成果は、二〇〇六年に権威ある科学雑誌「サイエンス」に発表された。[*48]

もちろん、二〇〇六年以前に「閉じ込め症候群」〔訳注・主に脳幹の橋腹側部の広範囲の障害が原因で引き起こされる、意識はあるが眼球運動やまばたきの動き以外でのコミュニケーションが取れない状態〕は、もう新しい概念ではなくなっていた。『潜水服は蝶の夢を見る』〔邦訳・講談社、一九九八年〕の影響もあって、一九九〇年代に注目されるようになった。この手記は、著者のジャン＝ドミニック・ボービー〔訳注・フランスのファッション誌『ＥＬＬＥ』の編集長。閉じ込め症候群に陥った〕が脳梗塞に倒れた後、彼とその愛する家族や友人たちがたどった軌跡を描いている。神経学者たちは、たとえば非常にわずかな視線の動きを使って質問に答えられるようにして、患者の意識の有無を検査する方法を編み出してきた。オーウェンのチームはさらに一歩進んで、寝たきり状態の患者でも心で応答できる方法を生み出した。

科学者たちは、重度の脳損傷によって植物状態に陥った患者の中に、少数ながら心の動きを使って指示に従ったり、自身について質問に答えたりすることができることを発見した。言いかえれば、重大な脳の損傷があっても意識があるということだ。「あなたはあなたの脳だ」という観点からは、このような発見はどうとらえられるのだろうか。オーウェンの研究は、神経科学からの〝道しるべ〟の一つと見ることができる。というのも、これは神経科学の枠組みの中から、人間の意識は脳の状態を上回ることを示しているからだ。ということは、私たちは脳以上の存在であり、単なる物理的な機械以上だということなのだろうか。オーウェン自身はそう考えているようで、自身の研究を次のように要約している。

植物状態で、ブロッコリーの頭ほどにも覚醒していない患者の一五～二〇％は、外部からのどのような刺激にもまったく反応しないが、完全に意識があることを私たちは発見した。患者は目を開けたり、低い声でうなったり、うめいたり、時にはつながりのない言葉を発することもある。ゾンビのように、考えることも感情を表すこともなく、まったく自分だけの世界で生きているように見える。患者の多くは、主治医の診断どおり、考える意識を失っており、その能力も欠いている。しかし一方で、異なる体験をしている相当数の患者がいるのだ。体と脳は損傷を受けても、その内側深くで何も損なわれていない心がさまよっているのだ。[*49]

この章では、なぜ人間は機械以上の存在なのかを説明する三つの試みを見ていく。まず、脳が意識を生成するという考え、次に、意識はすべての生きるものに宿るという考え、三つめに、意識は脳を超えた存在という可能性を検討する。

脳は意識を生成するか?

フィニアス・ゲージは、一九世紀の米国バーモント州の鉄道建築技師だった。当時の岩盤除去の方法は、ドリルで穴を開け、そこに鉄の突き棒でダイナマイトを仕込み、導火線に点火してから、走ってその場を離れるというものだった。一八四八年、ゲージが二十五歳のとき、ダイナマイトを仕込むのに使っていた突き棒が火花を発し、ダイナマイトが予定より早く爆発してしまった。一メートル長の突き棒がゲージの頭蓋骨と脳を貫通し、三十メートルほど先に落ちた。その結果、ゲージの左前頭葉のほとんどが損傷した。ゲージは死亡したと思われたが数分後に意識を取り戻し、その後十二年間生き延びた。その後の人生だが、ゲージには劇的な性格の変化が生じた。以前は温厚な人物だったのが、粗野で、すぐ悪態をつき、無礼な行動をとるようになり、職を失ってしまうほどだった。

現代の医学文献には、脳外傷後に生じた性格変化の報告が溢れている。どれも、この有名なフィニアス・ゲージの事例に類似したものだ。それは、特にアルツハイマー病や認知症などの、特定の神経細胞が影響を受ける変性疾患の患者に顕著に見られるもので、これらの疾患には、脳の傷害が心のはたらきに深刻な影響をもたらすという特徴がある。脳が崩壊していくにつれて、人の記憶能力や記憶を引き出す能力、それから、性格の崩壊が続くことが多い。多くの脳疾患が、人の心と意識的な経験に大きな影響を与える。たとえば、コタール症候群という疾患では、患者は自分は存在していないものだと思い込んでしまう。[*50] てんかんの患者の中には、脳梁離断術《のうりょうりだんじゅつ》と呼ばれる手術を受けた人がいる。この手術は、脳の右半球と左半球を接続している脳梁を切断するものだ。この手術を受けると、二人の「自分」がいるという感覚があると報告する患者が、一定の割合で出る。[*51] 脳に損傷を受けると、心にも傷害が生じる。鈍器で頭を軽く叩かれただけでも、少なくとも頭痛がして、明瞭に考えることができなくなる。健常な脳の発達にもこれと似たような段階が見られる。新生児の意識の水準は幼児とは異なり、幼児の意識の水準は十代とは異なる。それぞれの年代の脳は異なる発達の段階にあるからだ。心と脳――意識と脳――は同一ではないが、関連があるのは明らかである。

懐疑論者、無神論者、[*52] そしてクリスチャン[*53]の多くが、心と脳のこの密接な関連性を理解するために採用するのが、脳が心や意識を創発するという考えだ。[*54] 時間の経過とともに、それぞれ異なる多くの構成要素がひとつになると、新しい何かが誕生するが、これらの構成要素が解体すれば、その新しい存在は消えてしまう。このような考え方は、第一章で概観したように「非還元的物理主義」という名で広く知られている。

大学を例として考えてみよう。研究・教育機関である大学は、多くの異なる学部で構成され、それぞれの学部は独自の研究領域や専門知識をもっている。大学が成り立つのは、研究を行う多くの学部があるという事実があるからだ。しかし、大学はそのような学部の集合体以上のものでもある。大学にはまた、卒業生のネットワークや国際的評価、寄付者層の存在がある。大学の構成員は、文化を形作るアイデアを生み出したり、歴史を変える発見をする。大学は、機関としては学部という構成要素から成り立っているが、その集合体よりはるかに大きな存在だ。しかし、大学を構成する学部が解体してしまったら、存在することができなくなる。それと同様に、心と意識は多くの物理的な要素（つまり学部）が集まった結果生じるが、脳そのもの（つまり、物理的組織体としての大学）を超えた存在とされる。とすると、このような見方から何が導けるだろうか。

問題はやはり〝ハード〟だ

博物館は魅力的な場所だ。陳列ケースの中に収められた古代の遺物コレクションには、大人も子どもも、さまざまな感興《かんきょう》をそそられる。私たちは木や石や金属でできた古代の道具に見入っては、槍《やり》や壺が実際に使われていた時代から現代までの過ぎ去った年月を理解しようとする。

古代の芸術品や宝飾品は特に魅力的だ。人類学的な考え方では、何かを創造することによって自分を表現するのは、高度な思考力、抽象的思考、そして究極的には人間らしい認知能力や意識がある証拠と言える。このような表現能力は、はじめは存在しなかったが、後期石器時代になるとホモ・サピエンスの生活に不可欠な要素になっていった。[*55]

　問題は、このような変化がどのように生じたのかという疑問だ。前に述べた、なぜ脳内の神経活動から、意識などの主観的経験が生じるのかという「ハード・プロブレム」に対する解決案として先ほど紹介した、構成要素の相互作用から、より高次の複雑な構造や機能が生まれるという「創発」の概念が提唱されたのは自然の成り行きだろう。しかし、実際にはここからさらに多くの疑問が生じる。いったいどのように意識が創発したのか。もし意味をもたない物質や意識をもたない神経細胞《ニューロン》からなる閉鎖系を前提とするなら、そのようなものが意識をもつ心をどのようにして生み出したのか。ハード・プロブレムは解決していない。たとえ創発がいくつかの点で意味があるとしても、依然として明らかな答えのない未知の領域が広がっている。

　さらにまた疑問が生じる。もし意識が生じるのに必要な唯一の原材料が、物質としての脳だとしたら、なぜ動物に人間と同程度の意識レベルの兆しさえも見られないのか。遺伝子学的に言えば、人間とチンパンジーではほとんどのＤＮＡが共通している。霊長類には何らかの自己意識があると考えられているが、人間に匹敵するほどの意識があるわけではない。[*56]

人間の最良の友人である犬を例に考えてみよう。犬は非常に環境に対して敏感だ。激しい雷雨があるとビクビクおびえるし、飼い主がいなくなると吠えたり、クンクン鳴いたりするし、ウサギなどの動物を追い回したりする。犬は感情も表す。怯えている時は両脚の間に尻尾をはさみ、喜んでいる時は元気いっぱいに尻尾を振る。しかし、私たちがわかる範囲では、犬たちには内面世界というものがあるようには見えない。犬はベッドに入る時に、「ああ、今日は大変だった」と考えたりしないだろうし、「なぜ自分は犬であって猫ではないのだろうか」とか「自分の生きる目的は何なのだろうか」などと自問したりしない。犬は、エサを食べ、寝て、周りの環境に反応するだけである。

ハーバード大学の心理学者スティーブン・ピンカーは、言語を使うことや知能課題を解くことを、限定的だが、霊長類に教えることができると主張している。確かにそうだろう。ただし、人間が訓練を始めればの話！　マックス・テグマークは、英国の科学雑誌「ニュー・サイエンティスト」（*New Scientist*）出版の書籍『隣の宇宙』（*The Universe Next Door*）に書いているが、多くの哲学者同様、このような人間と霊長類の知能の差を複雑性の観点から説明する。一群の原子が新しい組み合わせで組織化されると、新しい性質が現れる。[*57] その複雑性が高度になればなるほど、より優れた能力がみられるという。ところが研究が示しているのは、最も高度に発達し、充分な訓練を受けた霊長類でも、四歳児の認知能力を超えることはないということだ。[*58] 類人猿と人間の非連続性は「程度」の問題ではなく「質」の問題である。複雑性だけでは、人間と類人猿の間の隔たりを乗り越えるには不十分なのだ。

哲学者のＪ・Ｐ・モーランドは次のように指摘している。この世界は物質のみから成り立つという前提の下では、脳が意識を作り出すという主張は、もっと説得力があり競合するほかの理論の攻撃に太刀打ちできない、[*59] と。競合する理論とはどのようなものなのか、これからさらに見ていくことにしよう。

もし脳が死んだらどうなる？

一九九一年、パメラ・レイノルズは動脈瘤《どうみゃくりゅう》による脳内出血に襲われ重症に陥り、命にかかわる外科手術が必要となった。その手術は「スタンド・スティル（停止状態という意味）」と呼ばれ、パメラの体温を低下させて、心臓と脳活動のモニターの線が水平になるようにする〈訳注・つまり、活動を停止させる〉ものだった。専門的に言えば、パメラは臨床的には死んだということだ。手術は成功した。そして、蘇生したとき、医師たちが驚いたことに、パメラは手術中、意識があったことを覚えていたのだ。

心臓専門医のマイケル・サボム博士は、臨死体験（ＮＤＥ）の科学を扱った著書『光と死』

（*Light and Death*）[60]の中で、パメラの事例を詳しく書いている。数十年経った今、心臓手術の件数が増えるにつれて、パメラのようなケースが次々と現れている。何百もの体験談には、突然自分の身体から離れ、部屋を上から見下ろしていて、白いトンネルや前に亡くなった親族の幻が平安で幸せな気持ちと折り重なって現れているという話が出てくる。中には、もっと苦痛を伴う臨死体験を語る人もいる。

数百万の健常者を対象とした一九八二年のギャロップの調査では、一五％の人が臨死体験をしていた。過去三十年の間に非常に多くの臨死体験の報告があったため、世界各地の心臓専門医[61]や心理学者[62]や小児科医[63]が、何千人にもおよぶ患者たちを対象に手順や評価法を組織化して面接をし、この現象を明らかにしようとしている。著名な外科医[64]や科学者[65]、哲学者たちによる同様の著作も出ている[66]。

臨死体験は、脳が意識を生み出すという見解に対する重要な反論となっている。意識が脳に付随するものだとすると、脳が死ねば意識も消えてなくなるはずだ。一方で、臨死体験が物語るのは、脳がはたらいていなくても意識ははたらいているということなのだろうか。それとも、ほかの説明が成り立つのだろうか。

反論

臨死体験に対する反論で、完全に停止していない脳活動が作り出したでっち上げ[*67]だとか、単にそうあってほしいという妄想だ、というものがある。でっち上げの可能性は否定できないが、一方で、患者の証言の中には、臨死状態にあった時の詳しい体験談がある。それらは外部から裏付けが可能なものもあり、手術中に離れた部屋で交わされていた会話を具体的に語ったり[*68]、生まれつき盲目の人が肉眼では見たことのない家族や友人を詳細に説明したりしている[*69]。

完全に停止していない脳活動については、現在の装置では検出できない神経活動が存在する可能性は排除できない。しかし、患者は臨床的には死亡の状態である。手術ができるように、心臓や脳への血液供給が一時的に停止されている。臨床的な死は蘇生可能で、完全な生物学的な死とは異なるものの、この状態で残存する脳信号があるという見解は説明するのが難しい[*70]。死を恐れる人がこうあってほしいと抱く妄想も、臨死体験の説明にはこと足りない。さらに、臨死体験の中には恐怖心を抱かせるものだったり、天国や地獄を信じない人々にも起こったりする場合がある[*71]。

臨死体験は、意識が脳に付随する現象だという見解に疑問を投げかけるだろうか。「そうだ」と答える人々がいる。臨死体験は奇異で、日常の体験に反するように見えるかもしれないが、ただの一度でもこのような現象に出くわしたら、意識は物理的な脳に完全に宿っているとか、そこから生じるという考えにとって深刻な打撃となる。他方、「疑問など投げかけない」という人もいて、臨死体験のデータは憶測の域を出ず、まだ端緒《たんしょ》についたばかりだと見なす。クリスチャンにとって、臨死体験が本当だとしても、それで死後の世界（来世）についてすべてがわかると考えないほうがいい。臨死体験は、人が死に臨んだり、蘇生可能な臨床的な死のごく初期段階に起こったりしたことを説明しているのであって、このような臨死状態は、蘇生不可能な、完全な生物的死とは違うのだ。

天国の証明？

不可知論者だった私は、一九九三年に大学に入るとすぐに、さまざまな背景と信条をもった人々と出会うようになった。死後の世界について、無神論者の友人と話し合ったことをはっきりと覚えている。その友人の意見はこんなものだった。死んだら無意識状態（完全な忘却）。いい、い、い、それでおしまい。私はどの立場にも確信はなかった。

さらに疑問をもつようになるのは、ずっと後になってからだった。「もし神が存在したらどうなるのだろう?」 だれでも意見をもっていいけれど、事実の前に意見は無意味になる。神が実在するとしたら? 私がいつか神の前に出て、自分の人生について申し開きをしなければならないとしたら? 私にその備えはできている? 私の弁明は聞き届けられるだろうか? 死後の世界についての疑問は、信仰に向かう旅路の重要な要素だった。

臨死体験は、天国が実在することの証明だろうか。死後に意識があるという見方はある人々にとっては魅力的だが、他の人々には目が覚める思いになる。愛する親族や友人が今よりもっと良い場所にいて、ずっと生き続けていると言う人々もいれば、降霊術者を通じて死者と交信することに心を奪われている人もいて、そのどちらも「あちら側」にいても生き続けると思っているわけだ。さらに、永遠に生きたいなどと思わない人もいる。臨死体験は「よりよき場所」があることや、さらに神の存在までも証明することになるのだろうか。

クリスチャンが、臨死体験が神の存在の証明になると考えるのをためらうのは当然だ。ユダヤ人神経外科医エベン・アレクサンダーは肯定的にとらえて、「天国の証明」[*72]と呼んでいるが。この分野は発展を続けている――しかし、神が存在するならば、脳死の後も意識がある可能性は驚くには当たらない。最もよく知られた聖書の言葉に、次のようなものがある。

「神は、実に、そのひとり子をお与えになったほどに世を愛された。それは御子を信じる者が、一人として滅びることなく、永遠のいのちを持つためである。」
（新約聖書・ヨハネの福音書三章一六節）

この言葉が伝えているのは、死が終わりではないということ。私たちを待っているものがある。死の先に、いのちと意識をもった自分が存在する可能性があるということだ。

すべてに意識がある？

哲学者の中には、意識を物質的な用語だけで説明しようとすることには欠点があると認め、別の新しいところから議論を始める必要を唱える人々もいる。その中の一人が、第三章で触れたデイヴィッド・チャーマーズ教授である。チャーマーズによれば、脳を構成する部品《ブロック》から議論を始めるのは正しくない。私たちの主観的な経験から始めるべきで、それを議論の基礎として、経験に伴う意識の理論を築き上げていく。[*73] チャーマーズのハード・プロブレムの解決案は、存在するものは一種類しかなく、物理的な性質と意識という性質をもっているというものだ。この考え方では、あらゆるものにある程度意識があるということになる。すべての粒子に物理的な次元と意識の次元がある。さらに複雑なシステムであれば、より高度なレベルの意識があるが、意識のある状態はあらゆる原子に存在し、それにはミネラルや金属や鋳物などの無生物も含まれる。

このような考え方は、汎心論（panpsychism）と呼ばれる。語源はギリシア語で、「すべて（汎）」を意味する「pan（パン）」と、「魂」や「心」を意味する「psyche（プシュケー）」からなる。汎心論は、仏教やジャイナ教の思想の根底にもある考え方である。興味深いのは確かだが、この考えを現実場面で観察するのはなかなか難しい。電子や岩石や木などのどれもが意識をある程度もっているのは本当だろうか。もしそうだとすると、実際のところそれは何を意味するのか。この論を立証することは不可能であるにもかかわらず、現代の哲学者たちの間で人気がある。なぜなら、意識がこの世界のどこにでも存在すると言えば、意識の謎が解決できるからだ。

別の自然主義の立場から、意識についての厳密な物理主義的アプローチを否定するのは、ニューヨーク大学の哲学教授トーマス・ネーゲルだ。ネーゲルはチャーマーズとは少し違う立場をとっていて、原子や分子は意識に先行するものと考える。これは原汎心論（protopanpsychism）と呼ばれる。この考え方に従えば、原子から分子へ、そして器官や生体へ、さらに人間へと複雑化するにつれて、一人称的な経験も質の高いものになる。電子が世界を経験する仕方は人間が経験するのとは異なるが、それにもかかわらず意識が生じる潜在性はあるという。
原汎心論を批判する人々は、この方法ではハード・プロブレムを解決することはできないし、新たな疑問を生むだけだと主張する。意識に先行する「前意識」とはどういうことを意味するのかと問題提起したうえで、哲学者のウィリアム・ジャウォースキーは次のように批判している（傍点は訳者）。

信念や願望とは何かならわかるが、原信念や原願望とは何か。たとえば、私は、二＋二＝四という信念をもっているが、二＋二＝四の原信念をもつとはどういうことを意味するのだろうか。[*74]

にもかかわらず、ネーゲルはあえて論争を挑むかのように、最新の著書『心と宇宙』（*Mind and Cosmos*）の中で次のように述べている。

私たちは断念せず、自然主義に基づいた、物質と意識を統合する新しい説明を見い出すべきだ。[*75]

彼の見解とその表明によって、ネーゲルは物理主義者の仲間内でいくらか代償を払うことになった。物質によってすべて説明されるという見解にあえて疑問を提起するネーゲルに、「異端者」というレッテルを貼る者も出てきたのだ。

すると、これに対抗できそうな理論は、物質自体にも意識があるという考えだろう。意識は生命にとって土台となるもの。その他にどんな理論が考えられるだろうか。

意識は脳の先にあるもの？

三つめの考えは、意識は脳を超越して存在するというものだ。この考えによれば意識を伴う経験は、生命を成り立たせる根幹である。私たちはここを出発点としてあらゆることを意識との関係において説明しなければならないのであって、その逆ではない。意識経験は、ニューロンや脳内の化学組成とは別のもので、実際、切り離されているが相互に作用する二つのものがはたらいている。すなわち、物理的な脳と非物理的な意識をもった心である。

多くの科学者は、「実体二元論」という名で知られているこの考え方を即座に排除する。「意識とは何か？」と題する「ニュー・サイエンティスト」誌の記事では、以下のような主張がされている。

二十年ほど前までは（デカルトの実体二元論の）考えが神経科学に影響を与えていたが、この分野はもうその段階から前進している。[*76]

しかし、多くの著名な思想家たち、オックスフォード大学のリチャード・スウィンバーンや[*77]キース・ウォード、[*78]ノートルダム大学のアルヴィン・プランティンガ、[*79]バイオラ大学のJ・P・モーランド[*80]などの哲学教授たちは依然として実体二元論の立場だ。

ニューヨーク・ストーニー・ブルック大学医学部の神経外科教授マイケル・エグノーは、患者の中には脳の相当な部分を失った人も多いが、それでも「きわめて普通の心」をもっていると指摘する。脳が深刻な損傷を受けても障害を生じない人がいるということだ。エグノーは、前頭葉を摘出する間、患者と辻褄《つじつま》の合う会話ができたケースさえあったという。三十年にわたるこの分野での経験から、エグノーが至った結論は、人間の心は単なる脳のはたらき以上のものであるということだ。

物質主義——物質しか存在しないという見解——は、今日人間とは何かを考える時の前提となっている。しかし、実験室、手術室、臨床経験から得られる証拠は、あまり今風でない結論へと導いている。つまり、人間は物質的領域と非物質的領域にまたがった存在ということだ＊81。

重度の認知症の患者でも、意識がはっきりする瞬間がある。脳梁離断手術を受けた患者の中には、二人の自分（自我）がいると報告する人はいるが、「自分（自我）がない」と言う人はいない。現代脳神経外科学の父と呼ばれた、脳神経外科医のワイルダー・ペンフィールド（一八九一～一九七六年）は、一九五〇年代に意識のあるてんかん患者に行った画期的な研究を通して、脳の表面つまり大脳皮質の多くの部位の機能を明らかにした。しかし、ペンフィールドが刺激を与えた脳部位で、自我の意識を変化させたり誘発させたりする部位は一つもなかった＊82。本人の意思とは関係なく出現するあらゆる感覚や運動――時には感情までも――が引き起こされたが、抽象的な概念を使った論理思考が表れることはなかった。自分が自分であるとはどういうことかの感覚も、意識そのものも引き起こされなかった。神経科学分野は、実体二元論から前進していないかのように見える。臨床医の多くが、非物質的な心を考えることが、臨床的な観察と最も合致すると考えているのだ。

フィニアス・ゲージの例でさえも、意識は脳を超えた存在である可能性を否定していない。彼に関する事例研究は、心が完全に脳に依存していることの証拠として使われることが多い。

しかし、マリリン・ロビンソンは、著書『心の不在』(*Absence of Mind*)の中で、こう指摘している。ゲージの事例はおそらく時間が経つにつれて尾ひれがつけられてしまったのだろうが、ゲージは仕事に復帰したし、[*83]鋼鉄の棒との正面衝突事故を生き延びた人だったら、多少不機嫌になるくらいのことは大目に見られただろう、と。おそらく、このような性格の変化はゲージの脳に生じた傷害だけが原因だとは言えない。フィニアス・ゲージの例は、よく言われるのとは反対のことを意味するとも言える。つまり、非常に重大な損傷を脳に受けても、人は機能し続けることが可能だということだ。

脳と心はどのように作用し合うのか?

非物質的な心が、物質的な脳の中にどのように変化を生じさせることがあるのかという問いは、多くの人の関心事だ。もし心と脳が別のものだとしたら、両者の間にある明らかな交互作用はどのように説明がつくのか。デカルトの「機械の中の幽霊」という表現は、脳に変化があっても心には何の影響も及ぼさないはずだ。しかし、そうではないことは明らかである。

二元論者は、人間の心と脳の関係は、心と脳はただ単純に松果体《しょうかたい》のみを介して影響し合うとするデカルトの二元論(第二章を参照)に限定されるわけではないと反論する。今日の二元論者の多くは、より総体論的アプローチをとり、トマス（アクィナス）主義的二元論などのモデルを採用している。トマス主義的二元論とは、意識は脳を超越したところに存在するが、同時に脳と因果的に結びついているとする見解である。総体論的二元論者は、現代の神経科学が発見することを喜んで受け入れるが、それがすべてではないとも付け加えて主張する。

さらに、非物質的なものが物質的なものに変化を及ぼすことがある。ネット上でいじめを受けた子どもは食欲を失ったり、パニック発作を起こしたり、不眠になったりする。愛する人からデートに誘われたら、顔が赤くなって支離滅裂なことを話すかもしれないが、同時に飛び跳ねるだろう。「泣く」とは、眼の涙腺から塩分を含む水を分泌する過程だが、愛する人が死んだとか友人が試験に合格したというニュースによって引き起こされる。こういった情報は非物理的だが、物理的な効果をもたらす。日常生活では、絶え間なく非物質的なものが物質的なものにインパクトを与えている。したがって、非物理的な心が物理的な脳と交互作用しない理由があるだろうか。

非科学的？

それは非科学的だといって、物質的でない心はあり得ないと簡単に片付ける人々がいる。しかし、このような見方をする科学者もいれば、そうでない科学者もいる。中には、考えを変えた科学者さえいる。ハーバード大学の生物学者ジョージ・ウォルド教授は、視覚の生理化学研究の成果によってノーベル賞を受賞している。最初はガチガチの無神論者だったが、七十代になってその信念に劇的な変化が生じた。彼はやがて意識について次のような結論に至っている。

私には、意識は科学というメスをまったく通さないもののように思える。意識は科学の領域内に存在する解明不可能な要素ではなく、その正反対なのだ。科学が意識の領域内に存在する高度に解明可能な要素なのだ……心は、生命進化において後から生じてきたというよりむしろ、物質的現実の土台、源また条件としてつねに存在しているもので、物質的な現実を構成しているのは心的なものなのである。[*84]

開放系って？

科学をもとに意識の本質を判断することは、結局のところできないのである。それは最終的には個人の世界観の問題となる。私たちの住む世界は、意味をもたない物質からなる「閉鎖系」ではないかもしれないと考えてみたらどうだろう。この宇宙には、意味も存在することがわかったとしたら？　神が存在する可能性を受け入れてみたら？　「ハード・プロブレム」を解決する助けになるだろうか。そうしたならば、意識は宇宙の根本をなすものと考えられそうだ。ただし、汎心論者たちとは違った意味で。

クリスチャンで非還元的物理主義の立場の人は、脳は意識をもった心を生じさせるが、それは意識をもった存在者――神――の創造のみわざとして起こると考える。この考え方によれば、人間が意識を獲得したのは、脳が高度に複雑化したからではなく、人間が創造主との関係をもつようになるためだったとなる。[*85]

聖書の最初の数章には、人間の誕生が詩的にまた創造性豊かに描かれている。

「神である**主**は、その大地のちりで人を形造り、その鼻にいのちの息を吹き込まれた。それで人は生きるものとなった。」

（旧約聖書・創世記二章七節）

この聖書箇所は、ホモ・サピエンスが地上に現れる過程の科学的説明と、矛盾するわけではない。むしろ、物理的な説明だけでは人間というものを語るのに十分でないことを暗示している。ここで「いのちの息」と訳されているヘブル語は「ネシャマ（neshama）」で、もう一つの似た語「ルアク（ruach）」と同じく、単に「息」という意味である。これらの語は、人の霊や魂や命を指す。ということは、この聖書の言葉によれば、人は物質をはるかに超えた存在ということになる。機械をはるかに超えたものだ。人は神によって息を吹き込まれている。それによって、人は自分のことを考え、自分を超えた他者のことを考え、さらに神までも考える能力を与えられている。聖書の他の箇所ではこのことを、人間は「神のかたちに」作られたと表現している（創世記一章二七節）。これが何を意味するのか、第八章でもう少し詳しく述べることにする。ここでは、神自身に意識があるなら、人間にも同様に意識があると考えられるかもしれないと述べるにとどめよう。

心的なもの

クリスチャンで実体二元論の立場をとる人々はこう考える。有限だが、（物質である脳に）還元できない意識が存在する、したがって、神として知られる意識をもった方が存在する可能性は高い。ある場所で、J・P・モーランドは、意識から神の存在を導く議論をおもしろい表現で展開している。これは、おそらくダニエル・デネットが使った「ステージマジック」（訳注・大人数の観客を前にステージで見せる手品）という表現に対する応答だろう。

私たちはだれでも、空の帽子からウサギを本当に取り出すことなどできないと知っている。マジシャンが帽子からウサギを取り出して見せたら、ウサギは最初から帽子の中に入っていたに違いないと思う……なぜなら、何もないところから何かを生み出すことはできないから。突然ウサギが出てくるということは、そこに何もなかったのではない。ビッグバンが物質の始まりで、物質がいろいろ組み合わされたのなら、その後、化学と物理学の法則にしたがえば、その物質からなる帽子から意識をもったウサギを生み出すことは不可能だ。非常に複雑化した帽子はできるかもしれないが、ウサギはできない。意識が存在する理由は、ウサギが最初に存在したからだ。偉大なる大ウサギ、つまり神が存在し、意識をもっていたからだ。だから、空の帽子からウサギを取り出す必要もなければ、物質からどのように意識が生じるかを説明する必要もない。物質が唯一の存在なのではない。神がつねに存在していたのである。*86

別の言い方をすれば、神が存在するがゆえに意識が存在する。神に意識があるがゆえに私たちに意識がある。神は思考し、感情をもち、意識をもった存在者で、また理性的であり、自身を超えて、自身が創造した人間にまで意識を与えた。*87 人間の場合、意識は脳と作用し合うが、神の場合は脳に依存しない。もし神が存在するならば、脳がなくても意識をもつことは可能ということだ。一般的な意見とは反対に、聖書は依然としてベストセラーであり、最初の文にはこうある。

「はじめに神が天と地を創造された。」

（創世記一章一節）

「はじめに神が……」という言葉に注目しよう。ジョージ・ウォルドが先ほどの引用の中で述べている「心」とは神の心なのだ。この見方にしたがえば、神の心はつねに存在し、あらゆるものを生み出す。もし神が存在するのであれば、この宇宙は閉鎖系ではない。そして、そこにハード・プロブレムを解決する希望がある。

しかし、私たちは機械なのか否かという疑問は、別の疑問も生む。もし脳があらゆるものを動かすのであれば、私たちには本当に自分自身で選択する自由があるのだろうか。あるいは、私たちは脳が命じることを行っているにすぎないのか。これが次の章のテーマである。

5　自由意志は錯覚？

あなたは、職場のパーティに持っていくスナックを買いに出かけて、スティックパンとフムス〔訳注・ひよこ豆をペースト状にした食材。ディップなどに使う〕を買うことにした。それを決めたのは自分？　それとも脳が決めてくれた？　パーティは最高だった。帰りは、バスではなく、タクシーを使うことにした。それを決めたのは自分？　それとも脳？　翌日、上司が人員削減計画を発表した。希望退職するかどうか、決めなければならない。結局、退職することにした。それを決めたのは自分？　それとも脳？

私たちはつねに決断をしている。朝食に何を食べようかといったありふれた決断。何を専攻しようかとか、どの街や国に住もうかなどの重大な決断。結婚の申し込みなどの甘くはないけれど、ワクワクする決断。どの決断にも何か意味がある。正しい決断をして、その報酬を得ることもあるし、間違った決断をして代償を払うこともある。どちらにしても、決断は私たちには現実のことで意味がある。

しかし、もし私たちが脳にすぎないとしたら、私たちは本当に自由と言ってよいのだろうか。多くの科学者や哲学者たちは、自由ではないと固く信じている。私たちは自由に選択し、それゆえに意味のある存在だと思えるかもしれないが、実は自由意志は錯覚だ、と彼らは主張する。私たちは脳が命じることを行っているにすぎないと言うのだ。

脳機能イメージング研究者で無神論者のサム・ハリスは、自分の著書『自由意志』（*Free Will*）を、コネチカット州のある家族に対する下劣で残忍な襲撃事件の話で始めている。この襲撃は二人の犯人によって行われた。そのうちの一人はコミサルジェフスキーという名で、強盗だけのつもりだったが、結局四人も殺してしまった。ハリスによれば、この二人の強盗は、たとえこれとは違った行動を取りたいと思っていたとしても、それはできるはずがなかったという。二〇〇七年七月二十三日に起きた凶悪事件は、犯人たちの遺伝子と長年の生い立ちが、そのときの脳活動と相まった結果なのだと。ハリスはこう回顧する。

彼らの行動は考えたくもないくらい不愉快だが、次のことを認めないわけにはいかない。もし私がこのうちの一人と原子のレベルですべて入れ替わったとしたら、私はその人物になるだろう。……もし私が、二〇〇七年七月二十三日にコミサルジェフスキーの立場にいたとしたら――つまり、彼の遺伝子と人生経験をもち、同一の脳（または魂）の状態であったとしたら——彼とまったく同じ行動をとったことだろう。これを否定できる学問上の裏付けはない。したがって、運命の役割は、決定的なように見える。……生きるとはどういうことなのか、そして、意識をもった心が無意識から生じたとしたら、人々の選択に対する責任を本人たちに問うことができるだろうか。……自由意志は錯覚である。私たちの意志は自分で生み出したものではない。思考や意図は、私たちが気づかず、コントロールすることもできない潜在的な原因から生じてくるものだ。私たちには、自分ではあると思っている自由はないのだ。*88

著名な科学者が語る、自分が書いていることに何か意味を見出そうとしても無駄だとほのめかすような独断的な発言は、聞くに耐えない！　科学と哲学が、必然的にこのような状況に私たちを引き込んでしまったのか。私たちに代わって、何かまたはだれかが意志決定をしているのか。これ以外に学問上の立場はないというのは本当なのか。そうではなく、自由意志の問題は依然として議論の対象なのか。

固い決定論

ハリスのように、自由意志など錯覚で存在しないと考える人々は、「固い決定論者」と言われる。決定論とは、先行する原因によって、ある特定の結果が必ず生じるという考えだ。[*89] 自由意志をめぐる論争は決定論のある一つの側面を取り上げて、こう問う。「原因となるものが先に起これば『人間の意思決定』は必然的に決まるのか」[*90]と。

固い決定論者は、人間の脳とそこから生じる選択は原因によって完全に決定されていると考える。人間の脳は、決められたプロセスに従って動く機械のようなもので、脳のこの固定された性質のために自由意志の可能性は排除される。

ハリスは、コミサルジェフスキーの行動は、育ち（社会的決定論）や遺伝子（遺伝的決定論）やその日の脳活動（神経的決定論）などの、いくつかの原因によって決定されていると主張する。固い決定論によれば、ハリスがコミサルジェフスキーの身になったら、彼と全く同じ振る舞いをしただろうと信じて疑う余地はない。コミサルジェフスキーは自分の行動の中に閉じ込められていて、それに反するような行動をとることができない。固い決定論者にしてみれば、もし前提条件が同じなら、二人の人間が招く結果が異なることは決してないということだ。

決定論と自由意志は両立しない。したがって、固い決定論者は非両立論者とも言われる。一九世紀の哲学者フリードリヒ・ニーチェはその一人だ。

これが理論的に信頼できる唯一の立場だというハリスは正しいのだろうか。端的に言って、答えは「ノー」だ。この他にも、リバタリアン（自由至上主義者）や両立論者がいる。彼らの論によれば、人間の意志は錯覚ではない。それは心の一部であり、したがって、身体に作用することがある。リバタリアンは、私たち人間はいつも自由に制約なく選択することができると主張する。一方、両立論者は、だいたいにおいて決定されているとはいえ、一定の制約の下で自由に振る舞うことができると論じる。

両立論――「柔らかい」決定論

「両立論」または「柔らかい決定論」は、決定論は正しいが、自由意志とも両立できると考える。両立論者の考えでは、人間の行為は先行する原因によって決定されているが、行為が制限されていなかったり、自分の願望を叶えようとしたりする時には自由に振る舞えるとされる。飛行機を飛ばす時の手順を考えてみてほしい。オートパイロット・モードの時は、飛行操縦のほとんどの部分が決められたとおりになされる。しかし、通常パイロットは強制されることとなく、コックピットから決断を下し、自分の思うとおりに操縦することができる。飛行速度や機内の温度など、乗客が快適でいられる状態を決めることができる。つまり、自動制御とパイロットの操縦の両方を合わせて飛行しており、これらは両立しているのである。

　私たちがこの世界に登場したのは、両親（先行原因）によって決まったのは間違いない。私たちの遺伝情報は、両親から渡された遺伝子によって決定されている。そして、両親の遺伝情報は、彼らの両親、さらに祖父母、曾祖父母などから引き継いだものだ。人間の脳にしても、ある一定レベルの決定論は否定のしようがない。遺伝と育ちによって、私たち一人一人の脳は今あるようなものに形作られた。その構造と、視覚、運動、聴覚、認知などのネットワークがどの脳にも共通しているという意味で、脳はあらかじめ決められている。両立論では、これは良いことだと強調される。そして、脳は決定論的だからこそ自由意志が可能だと考えられている。決定論的であるにもかかわらず、ではない。現代の航空機は、パイロットが思いのままに操縦しようとしても、自動操縦という決められた機能なしではしっかりと飛行できない。同様に、あらかじめ決められた特性があるので、脳は構造化されていて秩序立っている。それがあるから、私たちは一定の条件のもとで自由に振る舞うことができるのだ[*91]。

　一九世紀の哲学者で無神論者だったデイヴィッド・ヒュームはこのような見解をもっていた。現代のタフツ大学の哲学者ダニエル・デネットと同じだ。クリスチャンの多くも両立論を支持し、神は生命現象をお膳立てし、決定しているが、ある程度の自由も可能にしてくれていると信じている。

リバタリアニズム（自由至上主義）

哲学者がとる三つめの立場は、リバタリアニズム（自由至上主義）である。この立場を支持する人は、決定論が正しかったら意志は自由でありえないと論じる。別の言い方をすれば、決定論と自由意志は両立できないということだ。したがって、リバタリアニズムも、非両立論の一つと言える。

リバタリアンたちは、人間の自由とはあらゆる制約からの自由だと信じている。したがってサム・ハリスは、次のように述べている。コミサルジェフスキーの振る舞いを繰り返すように運命づけられてはいない。なぜならば、私たちの選択を左右する決定論は――固いものであろうと柔らかいものであろうと――存在しないのだから。人が行動の源なので、遺伝子や育ちや環境からのどのような影響も避けることができる。脳が選択を行うのではない。人がするのだ。意志は、人の心の中に宿り、人にはつねに、そう望むなら、異なる振る舞いをする能力、哲学者の言い方を借りれば「選択可能性」が備わっている。*92

リバタリアン的自由意志を支持する議論が、哲学者と科学者たちから出されている。次項でそれを扱っていこう。

量子論的決定

一部のリバタリアンたちが訴える方法は、原子レベルでの脳の予測不可能性だ。脳は、私たちが思うほどには特定のパターンや反応に固定されているわけではなく、自由意志の説明となる性質を備えているのかもしれない。これは、ハイゼンベルグの不確定性原理で説明できる。この理論によれば、脳組織や脳血管、脳室など脳の部位レベルの構成要素は確実に知ることができるが、量子レベルでは不確定性が増大する。ピーター・クラークが言ったように「自然は本質的にファジーだ」。[*93]

リバタリアンの中には、故ジョン・エクルス卿のように、このような量子レベルのゆらぎは心によって引き起こされると述べ、ハイゼンベルグの不確定性原理を、心が物理法則に反することなく脳機能に影響を及ぼす方法だと見なす人々もいる。[*94] 一方、そのようなゆらぎはまったくランダムで、生物システムにおいてなんらかの重要な変化を生じさせるには規模が小さすぎると考える人々もいる。そして、こう主張する。ハイゼンベルグの不確定性原理は、人間の意識的な自由という概念の息を吹き返させることはできない。それは偶然起きる行動となるだけだ、と。

リバタリアニズムに反対する人々は、不確定で無秩序に働く脳というものは、固い決定論者の言う脳と同じくらい自由意志には脅威になると警告している。

両方向通行

リバタリアンたちが使う二つめの概念は下向因果である。第四章で議論したように、脳には可塑性があり、環境に敏感に反応することがわかっている。単に脳が心に影響を与えるだけではなく、心も脳に影響を与える。下向因果によれば、脳から心へという一方通行の道だけがあるのではない。心から脳へという反対方向の「車線」もあるというのだ。もしそうだとすれば、私たちはニューロン（神経細胞）のなすがままということにはならない。

自由行為者

世界最長のドミノ倒しの記録が二〇〇七年四月に破られた。本書執筆時点での世界記録は、五百万個を優に超えている。わずか数分のうちに、ドミノが滝が落ちるように次々と倒れていくのには目を見張るばかりだ。自由意志をめぐって話し合うと、ほとんど次のような疑問に終始することになる。どのように脳活動から心的現象が生じるのか、ニューロンはどのように思考に影響を及ぼすのか、別の言い方をすれば、どのように一つのドミノが次のドミノを倒すのかという疑問である。物理主義者にとっては、存在するのはドミノだけ。したがって、その説明はドミノだけしかない世界で完結する。

ところが、ドミノ倒しを見たことがある人ならだれでも知っているように、成功するのに欠かせないことで、ドミノだけでできないことが一つある。それは、だれかが指で最初のドミノを押してはじめて、すべてが始まるということだ。言葉を変えれば、そこにはドミノからドミノへという因果関係と、人からドミノへというもう一つ別の因果関係がある。リチャード・スウィンバーン教授は、ある出来事がもう一つの出来事の原因となる「意図のない因果」と、単なる出来事以上のものが原因となる「意図的因果」を区別している。*95 事実、「意図的因果」の場合の原因は、独立した人だ。すなわち、ある意図をもち、心と脳の中で因果的な力をはたらかせることができ、自由に振る舞うことができる行為者。これは「行為者因果」と呼ばれるが、この考え方が正しいとすれば、純粋なリバタリアン的自由は成り立ちうる。つまり、私たちの脳が決定を下す「意図のない因果」ではなく、私たちが意志をもった人間として決定を下すのだ。

科学は自由意志を弱体化しようとしている

哲学者たちは何世紀にもわたって自由意志をめぐる論争をしている。しかし、現代の神経科学の発展によって、近年、実験室では自由意志の地位を低めようとする動きが進んでいる。特に、一九八三年に生理学者のベンジャミン・リベットが行った実験は、自由意志の問題に衝撃を与えた。リベットは健常な参加者に計測器を装着し、脳波（ＥＥＧ）による脳活動を計測した。*96 リベットは参加者に「楽な姿勢で座り、気が向いた時にただ右手の人差し指を動かしてください」と指示した。参加者は、自分の好きな時に指を動かしたら、いつそうしようと意識したか、（目の前の時計を見て）その時間を心に留めておくように指示された。

結果は、論争の的になった。脳活動は指を動かす前であ

ベンジャミン・リベットの自由意志の実験

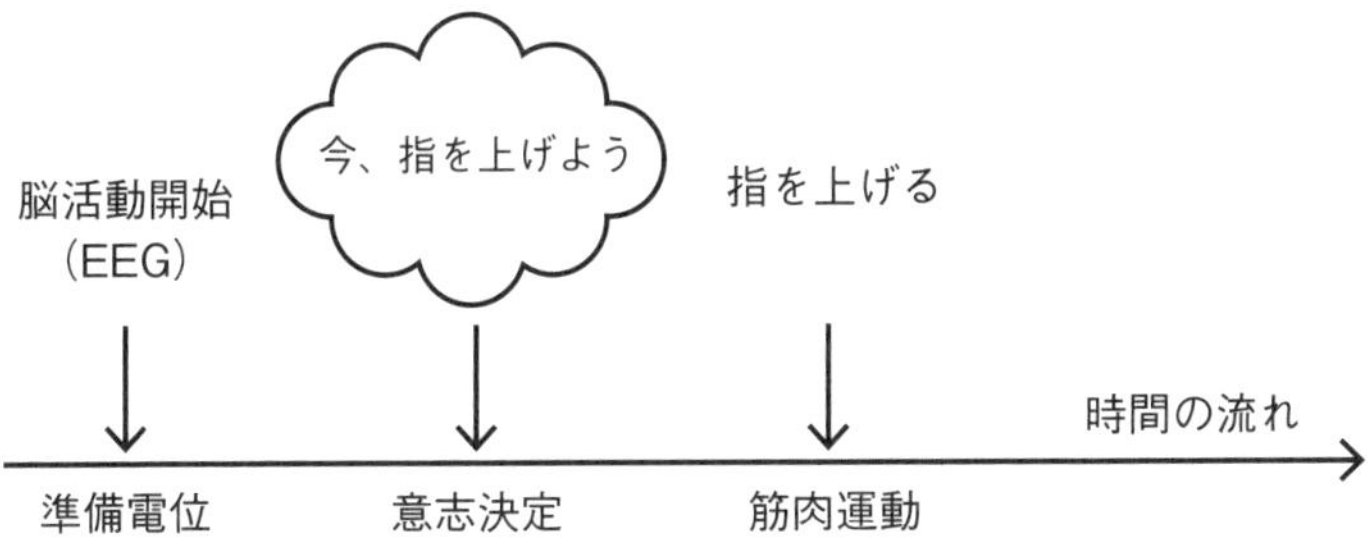

るばかりか、指を動かそうと意図する前に始まっているらしいのだ。リベットの結論は、人の意志をもった心が決断を下すよりずいぶん前に脳は行為を行う決定をしていたというものだった。脳が人を動かすということだ。リベットの実験の後に続いて、似たような脳イメージング研究が行われるようになり、科学者や哲学者の間で、自由意志は錯覚だという証拠がついに手に入ったのかどうかという議論に火がついた。[*97]

リベットへの応答

リベットの実験データをどう解釈したらよいだろうか。その後行われた分析によって、興味深い結果が導き出された。リベットのもともとのデータは、十五人の実験参加者全員を平均したものだった。しかし、参加者を個別に見てみると十五人のうちの五人は、意志決定のほうが脳活動に先行していた。さらに、別の手法で再度データ分析してみると、行為の意志決定と脳活動の開始は同時に起きていたという結果になった。[*98] 最初の脳波の山は、意志決定そのものを示しているのではなく、脳が意志決定をする準備ができたというサインだと解釈する人もいる。[*99]

その後のさらなる研究によってわかってきたことは、時計を見続けることが初期の脳の発火、つまり脳活動の開始につながったということだ。[*100] 参加者は意志決定のタイミングを記録するために、時計の文字盤を見ていなければならなかった。しかし、この要因が分析の際に除去されていなかったのだ。その後の実験で、時計を見ないようにすると初期の脳活動はほとんど生じないか全く生じないことが示された。

しかし、たとえ初期段階の脳の発火が認められたとしても、指の運動を調べた、ただ一つの研究が、すべての領域の意志決定に当てはまるのだろうか。私たちは、生活の中でありとあらゆる意志決定を行っている。いつどのように指を動かすかの決定は、中でも最も基本的なものだ。この結果から、殺人を選択するというような道徳的（または不道徳的）な事柄への意志決定も含む、あらゆる意志決定について結論を導くことができるのだろうか。

リベットの実験に参加した人々は、実験に参加する決断を何時間、いや、おそらく何日も前にしていただろう。○・○○一秒前ということはなかったはず。実験の場所に行くまでにも、どの交通手段を使うか、仕事のやりくり、利益がリスクを上回るのかといった判断が必要だったに違いない。これらすべての意志決定を考慮に入れると、指を動かそうという衝動などは比較にならないように見える。脳神経外科医のワイルダー・ペンフィールドも、脳の電気的活動では自由意志は説明できないと言っている。一九五〇年代に行った研究で、ペンフィールドは意識のある患者の脳の様々な部位に電流を通して刺激を与えた。そして、その刺激によって患者の手足や口を動かしたり、記憶をよみがえらせたり、においを思い起こさせることさえもできた。しかし、その刺激で唯一できなかったことは、患者に意志決定をさせることだった。彼はこう書いている。「大脳皮質には電気刺激で患者に何かを信じさせたり、決心させたりする箇所はない。」[*101] ワイルダーははじめ唯物論者だったが、研究を重ねた結果、心のはたらきは脳では説明がつかないという結論しかないという考えに至った。

自由反意志

無意識の状態で、脳内で衝動というインパルスが生じても、私たちはそれを許容したり止めたりすることができる。だから、私たちはインパルスの言いなりというわけではない。これを意味する科学用語は「抑制制御」といい、私たちの意志決定プロセスには、制御メカニズムが組み込まれている。

個人的な話をすると、私はほとんど毎日午後になるとビスケットを食べたいという衝動（インパルス）を感じる。しかし、私にはこの欲求に屈するか、机の上にずっとおいてあるミカンを食べるかの選択肢がある。私の子どもたちには時々、兄弟の頭を叩く衝動が発生するが、それに従うか、別の方法、理想的には言葉で、状況を鎮めるかの選択の余地がある。犯罪者には、強盗を行っている最中に殺人をする衝動が生じるかもしれない。しかし、その人の脳や背景にかかわらず、この衝動を爆発させるか、我慢するかの選択肢があるのだ。哲学者のマイケル・シャーマーは、これを「自由反意志」と名付けている。シャーマーの言葉では——（傍点は訳者）

> 自由反意志とは、私たちの行動を決定する無数のインパルスに対する拒否権のことだ。これによって、私たちは別の行動をとることも現実の選択肢として持てるのである。[*102]

リベットは、一九九九年にもう一つの論文を発表し、実は、まさに自由反意志のゆえに自由意志の存在を信じていると強調し、次のような結論を導いている。

> 意識的な自由意志の役割は……自発的行為を開始することではなく、行為が生じるかどうかを制御することだ。[*103]

固い決定論は首尾一貫している？

サム・ハリスは、「どうみても（固い決定論を）否定する根拠となる理論的立場はない」と主張している。[104] しかし、注意深く見ていけば、この意見には多くの不備があることがわかる。第一章で、信条や世界観を吟味するのに役立つ、次のような問いを概観した。それは、「内的一貫性があるか」「説得力のある説明か」「生きる根拠になるか」。固い決定論について、これらの問いを検討してみよう。

◆内的一貫性があるか？

固い決定論は、それ自体の基準と仕組みに沿って首尾一貫しているのだろうか。いや、そうでない。固い決定論に従えば、個人が信じていることを表明できなくなる。宗教心のある人々は神を信じるようにプログラムされていると批判されることがある。しかし、同じように無神論者は神を拒否するようにプログラムされている、あるいは不可知論者はどっちつかずになるようにプログラムされていると言えてしまう。固い決定論にとっては、どの信条も差別はない。固い決定論によれば、個人が信じていることを正当化するのは困難であり、批判することも不可能となる。もちろん、同様に固い決定論もプログラムされた信条だから、批判も正当化もできないことになる。

固い決定論はまた、合理的な議論の土台を弱体化させる。というのは、理性の妨《さまた》げとなるからだ。もしあらゆる思考が、理性に基づかない、機械的な仕組みによってなされるとすれば、私たちの心から出るものに理性が宿っているとは言えなくなる。別の言い方をすれば、固い決定論は人間の理性を攻撃の的にして、否定することになる。そうなると、ひるがえって、人間の理性から生まれたはずの固い決定論は矛盾した、一貫性のないものとなってしまう。第一のテストは不合格。

◆説得力のある説明か？

固い決定論が私たちを取り巻く世界について意味のある説明になっているかと言えば、かなりあやしい。たとえば固い決定論では、私たち人間が自律を求めるという事実を説明することができない。自由意志は錯覚だとする世俗主義者がいるが、もしそれが正しいのなら、なぜ私たちはいつまでも自由意志は本当にあるだろうかと考えるのか？　生活のほとんどは、ものごとを管理することを中心に回っている——自分の資産、体型、仕事量。私たちは自分でルールを作り、自分で運命を決め、自分で人生を形作りたいと思う。自分が大切と思うものを自由に扱えなくなるのではないかと思うと、とても不安になる。しかし、もし人間の自由意志が錯覚だとしたら、どうして自律しようとがんばるのだろうか。ここに大きな矛盾がある。私たちは自分のルールを決める自由があるのか、ないのか。あるいは、自分で決めたルールでさえすでに決まっていて、自由の有無など問題にならないのだろうか。両方は成り立たない。説得力という意味では、固い決定論は白黒はっきりさせるのではなく、さらに混乱を招くものなので、第二のテストも不合格。

◆生きる根拠になるか?

固い決定論は、正真正銘それに従って生きることができるものなのか。そして、私たちの経験する生き方と一致するのか。答えは「ノー」だ。私たちの生き方は、自分の選択には意味があるとする生き方だし、そういった決断は意志をもった人が下したのであって、脳の中のニューロンが機械的に発火することによって生じたとは思っていない。私たちは道徳的責任があるので、自分の行動が善いものであっても悪いものであっても責任を問われると考えている。固い決定論は、道徳的責任を完全に破壊する恐れがある。コミサルジェフスキーは裁判にかけられ、保釈の可能性のない六つの終身刑が言い渡された。しかし、もし二〇〇七年七月二十三日の彼の行動が、自身の思いではなく何かの力によって動かされたとしたら、なぜ罰せられるのか? 両立論者や「柔らかい」決定論者は、こう主張してはばからない。もし犯人が犯行とは違う行動をとる自由がなかったとしても、道徳的な責任はある。なぜなら、自分の願望に従って行動したからだ、と。しかし、もし(人間の行動は先行原因によって決定されているとする)固い決定論が正しいのであれば、道徳的責任と正義の必要性は排除され、私たちが自律した個人であり、社会が機能するように保たれている構造は致命的に弱体化してしまう。

固い決定論に従えば、悪しき行動を罰する土台がないばかりか、善き行動に報いる土台もない。アカデミー賞受賞の映画「ハクソー・リッジ」（アメリカ制作・二〇一六年）は、クリスチャンであり平和主義者のデズモンド・ドスの物語だ。ドスは、決して銃を取らないと誓いながらも第二次世界大戦に従軍した。日本軍による猛攻の末、彼の小隊は夜の間に退却を余儀なくされ、多くの負傷した仲間が戦場に取り残された。ドスは、ヘトヘトになりながらも一晩中、一人一人救い出し、ロープを使って高地から降ろしたのだ。ロープを握るその手を血みどろにしながら、ドス一人によって、約七十五人もの兵士が助けられた。このような犠牲的な行いは、めったにあるものではない。私たちは、それを目にすると、心の深いところを揺さぶられる。勲章が授与され、記念行事が定められ、映画が製作される。しかし、ここである問題が浮かび上がってくる。もしリバタリアン的自由意志が存在しないのなら、称賛するものもない。ドスには、ほかの行動の選択肢はなかった。彼の遺伝子や生い立ちや脳活動が、その行動のもとであり、それ以上の何ものでもない。勇気が勇気であるのは、別の行動をとることもできたのに、それを選択しなかったからにほかならない。私たちは固い決定論者として生きてはいない。私たちの生き方は、自分の行動の選択には意味があるとみなした生き方だ。よって固い決定論は、第三のテストにも不合格。

自由意志があるのは、なぜ？

もし本当に私たちが自由で、意志をもった存在なら、それにどんな目的があるのだろうか。単に自己満足のため？　それとも、人生をもっとおもしろくて楽しいものにする以上の目的がある？　二十種類もあるシリアルから好きなものを選ぶ自由以上のもの、人々を解放し、人間の自由を回復するという気高い取り組み以上のものがあるのだろうか。

キリスト教世界観によれば、私たちは神によって創造されたので、責任をともなう選択の自由があり、人間の性質のいくつかは、神の性質を反映しているという。事実、聖書によって、そしてキリストを通して最もはっきりと啓示された神は、責任をともなう選択をする尊厳を人間に与えられた。とはいえ、私たちはさまざまな要因に影響され、心を動かされるが——。私たちには皆、人を愛するか憎むか、助けを与えるか妨害するか、受け入れるか拒絶するか、それぞれどちらでも選ぶ能力と道徳的責任がある。

選択の自由は、人と人との関係と不可分だ。恋愛関係や友情は、フィーリングだけでなく、決心することで始まり、続いていく。関わりが深まるほど、決心の意味合いも深くなる。神は深く私たちと関わり、関係をもとうと言ってくださる。その関係は、私たちが人々と結ぶ関係と似たところもあり、違うところもある。私自身の経験や数えきれない他の人々の経験でもあるが、神と友情を結ぶことは、最も人を自由に解放してくれる経験だ。神が望むのは、すべての人が神を知るようになることである。*105 イエス自身がこう言っている。

「すべて疲れた人、重荷を負っている人はわたしのもとに来なさい。わたしがあなたがたを休ませてあげます。」（新約聖書・マタイの福音書一一章二八節）

イエス（神）と友情を結ぶことはすべての人が自由に手にすることができるものだが、友情は、その招きに応えなければ始まらない。なぜか？　それは、神は私たちをロボットとしてではなく、人として関係をもちたいと願っているからだ。

著述家でオックスフォード大学の英文学教授だったC・S・ルイスは、自伝『喜びのおとずれ』（邦訳・筑摩書房、二〇〇五年）のなかで、無神論からキリスト教への遍歴を語っている。それまでの人生のほとんどの間、神を無視し続けたのち、心に変化が生まれ始めたこと、また、神に心を開く意志がありながら、心を閉ざす「自由反意志」が芽生えた瞬間までも書き記している。

神に攻撃をしかける前に、真に自由な選択の権利を行使しうる（と思われる）機会があたえられたのは不思議なことだった。わたしはバスに乗って、オクスフォード近郊のヘディントン・ヒルに行くところだった。何も聞こえず、ほとんど何も見えないのに、自分自身が目の前に突きだされたように思われた。わたしは、何ものかを追いつめ、追いだそうとしていることに気づいた。……その時、わたしは自由選択権をわが手にしていると感じた。扉を開けても閉めてもいい……選択は瞬間的だったように思われたが、何の情緒もかきたてなかったことが不思議だった。わたしは欲望や不安に駆りたてられたりはしなかった。一切感慨を覚えることなく、扉を開こう、鎧を脱ごう、身を任せようという気になった。今その気になったと書いたが、そうする他ないように思われた。つまりわたしのほうでは意志をはたらかさなかった。わたしが自由に行動できなかったのだと言う人がいるかも知れないが、これまでになく自由に選択できたようだ、とわたしは考えた。[*106]

私たちの最大の自由は、イエスに心の扉を開いた時に訪れる。自由意志によって神との関係をもつことができる。だから、なぜ自由意志を打ち消すほうを選ぶ人がいるのかもわかる。自由意志を受け入れるか、否定するかは、重大な分かれ道だ。すべての人々が招かれているが、その選択と選択の責任は、究極的にはあなた自身が負うものなのだ。

6　私たちは信じるようにプログラムされている？

世界中どこへ行っても、宗教上のしきたりがある。インドのヒンズー教、日本の仏教、中東や東南アジアの一部のイスラム教というように。新宗教も生まれ続けている。南太平洋諸島で興《おこ》った、異色で風変わりなカーゴ・カルトなどがそれである。一九四〇年代に西洋文明が入って来ると、民の中に正しい儀式を行えば、カーゴ（西洋の富を乗せた貨物）が神々によって届けられると信じるようになった。島民は麦わらで飛行機や船を形どったものを作り、富を積んだ貨物（カーゴ）を受け取る日を待ち望んだ。バヌアツ共和国の島民の中には、エディンバラ公爵フィリップ殿下を崇拝する宗教を作り上げる人々までも現れた。

今日、西洋では宗教心は実にさまざまな形で表されている。多くの人々が、ヨガや自己啓発や水晶などの手法を使ったニューエイジ運動を通して、内なる自分を求めようとしている。おもしろ味がなく堅苦しいキリスト教の末期的姿も見られる。一方で、サマーフェスティバルや、斬新な形で開催される教会の集会で毎週神を礼拝している若者も何千人といる。「無宗教」を標榜する人々の多くは、人生のどこかで祈ったことがあると認める。どこへ行っても、何らかの形で礼拝を行う人々がいることに気づく。これは宗教について、どんなことを語っているのだろうか。どんな人も宗教心をもつように、遺伝子に組み込まれているということだろうか。もしそうなら、神の実在という概念を崩すことになるのだろうか。

自然宗教

宗教認知科学（CSR）とは、信仰をもち、宗教行為をしている時に、心と脳に何が起きているのかを研究する学問で、盛んになりつつある研究分野だ。認知科学者の多くは、今や宗教は、自然法則に基づくプロセスとして説明できると主張する。「自然宗教（natural religion）」と呼ぶものがそれである。認知科学によれば、どの文化や習慣を背景としても、人は幼少期から超自然的なものを信じたり、迷信的になったりする生まれつきの傾向があるという。文化を超えて、共通に見られる直感とも言える信念が数多くある。それは、特に小さな子どもによく見られ、神や神々を信じることや、魂の存在や、死後の世界を信じることが含まれる。*107 宗教認知科学によれば、人間は自然と宗教に向かう傾向があると、ある著述家は言う。私たちは「神を信じるように配線されている」。*108

この生まれつき組み込まれたプログラムに、超自然的根拠はあるのか。それとも、宗教認知科学は宗教から「魔法」を取り除いて、白日のもとにさらしてしまうのだろうか。無神論者のダニエル・デネットによれば、自然宗教は、たしかに神への信仰に関わる呪縛を解いたことになっている。*109 その議論はこうだ。暗黒時代には、宗教は不思議で超自然的なものだと見なされていたが、今日、認知科学によって宗教は自然の産物以上の何ものでもないことが示された。超自然的説明は、もはや意味のないものになってしまった。神に至ってはなおさらだ。

これが真実なのだろうか。宗教を説明して退けてしまおうという企てを三つ見てみよう。これらは異なるものだが、互いに相容れないものではない。一つは、宗教は人間の誤りの結果。二つめは、宗教は進化の産物。三つめは、宗教は遺伝子に由来するというものだ。

Ⅰ　悲しいことに間違い

子どもたちは暗闇をよく怖がる。子どもには、ベッドの下に怪獣がいるとか、トロルやそれに似たような怖い生きものがやってくるなどと想像する傾向がある。今でも覚えているが、子どもの頃、真っ暗な夜中に起きてトイレに行った。私がトイレに入ると、黒い生きものがトイレのすみっこに不気味に座っていた。どういうわけか、私はそれが猫だと思い込んでいた（猫を飼ってはいなかったのに)。そして、大声をあげて家族全員を起こしてしまった。母は走って来て、明かりをつけた。得体のしれない猫は、実はトイレのブラシだった。

宗教認知科学の研究者たちは、人間にはＨＡＤＤ(hypersensitive agency detection device：高感度動作主探知機構)と呼ばれるものが、心のはたらきの中に組み込まれていると考えている。この機構があることによって私たちは、周囲の環境にある規則性に気づいたり、周囲から発せられる信号を拾い上げたりすることができる。進化論的にいえば、捕食者の危機が迫っているとき、それに気づくのにこの能力が役立つ。また、この能力によって多くの捕食者でないものをも捕食者だと見誤る可能性も見込まれる。なぜなら、捕食者を見落としたら自分を死の危険にさらすことになるからだ。それよりは、間違っても安全を期するほうがいい。

一つめの考えは、この機能は高感度なため、多くの誤りを犯し、信頼できないというものだ。別の言い方をすれば、人間には、まったく存在しないものでも信じてしまうという生まれ持った傾向がある。私たちは誤った考え方をしてしまいがちなのだ。現実でないものを現実だと想像してしまう。暗がりに猫が見えてしまう。真夜中に不気味な音がすれば、だれかが忍び込んで来たのではと思う。実際には出来事の間に何のつながりがなくても、私たちは出来事同士を結びつけて、つながりを見出そうとする。いのちのないものに向かって踊ったり、祈りを捧げて守ってもらおうとするが、それは暗闇の中で部屋のすみっこの影に怯えるのと同じでうそっぽい。

科学者たちは、この信じ込む性質をいろいろな形で説明している。人間の心の誤作動に原因があるという学者もいれば、[*110] 宗教性はドーパミンの分泌量によって決定すると言う学者もいる。ドーパミンとは、脳内に自然に存在する化学物質で、意思決定する際に間違いを引き起こすことがあるとされる。[*111] さらに宗教心は、精神医学的な疾患だと言う学者もいる。リチャード・ドーキンスは、神を信じる人々はひどい間違いを犯すあまり、妄想に陥っているという信念をもっている。[*112] その妄想の強さを、アメリカの作家で哲学者のロバート・パーシグが次のように表している。

一人の人が妄想を病むことを狂気と言う。多くの人々が妄想を病むと宗教と呼ばれる。[*113]

◆間違いだという間違い？

宗教は妄想だという意見の問題点は、この立場を語る人は妄想に陥ることはないという前提に立っていることだ。宗教は妄想の結果生じたという考えのほうが誤りで、宗教は妄想だという考え自体が妄想だという可能性もある。おそらく、宗教を信じる人は勘違いしているという意見自体、実際にはないものと結びつけているのではないか。このように考える人は、固い決定論と同じ論理的罠にはまって、何も意味のあることを言うことができなくなってしまう。

ジョン・テンプルトン財団のマイケル・マーレイ博士は、何かを信じる時の状況が、信じたことの信頼性に影響すると指摘している。[*114] 水中に潜っていたり耳が塞がれていたりしなければ、私の聴覚は周囲の状況をしっかり認識する助けになる。周囲の状況がわかればわかるほど、正確な認識ができる。最適な条件であれば、ＨＡＤＤは信用できると思ってよい。よくあることでは、ドアをノックする音が聞こえたと思ったら、だれかが外で待っているとか、夜中に音が聞こえたら赤ん坊の泣き声だとか。私たちの直感は当たる。この感覚アンテナが完全にははたらかないのは、最適とはいえない条件の下でだけと考えてよい。

◆多様な宗教

ピュー研究所が二〇一五年に行った調査によれば、世界には五つの主要な宗教がある。キリスト教（三一・二％）、イスラム教（二四・一％）、無宗教（無神論と不可知論を含む）（一六％）[※]、ヒンズー教（一五・一％）、仏教（〇・五％）[※※]。民間宗教（〇・四％）とその他の宗教（〇・一％）は無数にあり、宗教の総数は数千におよぶ。もし私たちにこのＨＡＤＤという機能があって、それが宗教を生み出すもとになっているなら、どうしてこのような多様で、たいてい互いに矛盾する宗教ができたのだろうか。ひとつの宗教でないのはなぜなのか。このような「下手な鉄砲も数打てば当たる」というような宗教の生まれ方からは、HADDは信用できないと言えるのではないか。

　ここで、大事な問いがある。宗教認知科学は信仰を「完全に」説明できるのか、という問いだ。この本のはじめにあげた問いが、ここでまた重要になる。「脳が私のすべてなのか」もし「イエス」と答えるなら、自然法則に沿った宗教の説明がすべてで、ほかにはないことになる。しかし、もし私が脳以上の存在だとすれば、信仰を生む要因はほかにもあることになる。宗教認知科学は、私たちのうちにある宗教的傾向一般を解明しようとするが、生い立ちや文化は、私たちが選ぶ特定の宗教に影響をおよぼす。マーレイはこう述べている。

　HADDによって、私は「捕食者」の存在を知る。そこにどんな動物が生息していると考えるかによって、捕食者がクマなのか、トラなのか、あるいはブギーマン〔訳注・悪い子をさらっていくと信じられる子取り鬼〕なのか判断する。もしあなたがクマがいると判断し、私がブギーマンだと判断したとしても、HADDは当てにならないとは言えない。それは、ブギーマンが存在するなどと母が私に教えたことが間違いだったということだ。*115

世界の宗教に関する統計によれば、どんな国であってもまた文化であっても、神を礼拝する人々がいる。その意味では、ＨＡＤＤは信用できるということになる。

Ⅱ　信仰によって人間は生き残ってきた？

なぜ宗教が「自然法則に則《のっと》っている」可能性があるかについて、二つめの考えは、宗教が適者生存の助けになるからというものだ。ある科学者たちによれば、答えは天国にあるのではなく、私たちの祖先の中にある。超越者（神）がいると信じることが、人類が生存し続ける助けになり、社会の益となってきたという。それはどういうことなのか。

第一に、宗教心はコミュニティに結びつきをもたらす。特に、人々が遺伝的につながっていない場合にそうだ。共通する信念があれば、親族でない家族がうまく協力することができ、コミュニティが生き残る可能性が高まる。第二に、超越者（神）を信じることによって、意味や目的や幸福感をもつことができ、子どもをもうけようとする意欲が高まる。[*116] 第三に、私たちは神に見られていると思うと、善い行いをしようという気持ちが強くなる。ちょうどスピード監視カメラがあるとドライバーがスピードを落とすようなものだ。善い行いをすれば人間関係がよくなり、生き残る確率が上がる。おそらくこれを「監視の効果」と呼んでもよいだろう。[*117] ここまでは異論はない。

しかし、そもそも自然のプロセスから信仰心がどうして生まれるのだろうか。これには主な理論が二つある。ひとつは、信仰心は生物学的な適応だというもの。言いかえれば、宗教は、それが益になるという理由で、進化の過程で直接に選ばれたという。[*118] もうひとつの説は、信仰は進化の二次的な産物だという。[*119] 人間の脳は、論理思考や抽象的思考をしたり、コミュニティのために問題解決したりする能力を発達させた。信仰心は、すでに存在する進化過程に「便乗」してきたというわけだ。この説に従えば、信仰心は進化の副産物だ。どちらの説をとるにしろ、科学者たちは、信仰心を支える認知機構が、人間が生き残る助けになってきたという点で意見が一致している。

◆明晰に考えれば？

以上の理論は、たしかに神の存在を排除しているわけではなく、人間性の霊的アンテナがどのように発達したかを説明できるかもしれない。しかし、次のように問うてみる価値はある。そもそもなぜ私たちには、信頼に足る認知能力が備わっているのか、と。哲学者のアルヴィン・プランティンガは次のように指摘する。もし物質しか存在しないなら、（心は物質ではないので）明晰に思考し、真実を明らかにする認知能力（心）を、進化のプロセスが生み出す必然性が見当たらない。[*120] 進化のゴールは、高度な認知能力ではなく、生存能力を生み出すことにある。意味をもたない物質から成り立っている宇宙を前提としたのでは、私たちの認知能力を説明しようとしても、その前提が成り立たなくなってしまう。というのは、認知能力の説明自体が意味ある議論だから、意味のないところから意味が生まれる（つまり、無から有が生まれる）というようなものだからだ。オックスフォード大学のジョン・レノックス教授のことばを借りれば、そのようなやり方は「墓穴を掘る（自分の足を撃つ）だけでなく、脳までも撃つ」ようなものだ。[*121] したがって、認知能力をもち、信頼に値する心が存在するという事実は、全能の神が創造のプロセスを導いたという考えに矛盾しないと、プランティンガは言うのである。

　この反論に対して、真実は生存に必要なのだと言って対抗する人もいる。[*122] 近くに天敵がいるのか猛毒を持った虫がいるのか、真実はどうなっているのかは、生死にかかわる問題だ。したがって、ある状況の下で自分の周辺を正確に知覚するように、進化によって選択がされたという。

　これは正しいかもしれないが、C・S・ルイスたちが指摘しているように、人間だけに備わっている理性や高次の思考能力は、物質主義の考え方によって最もうまく説明できるわけではない。なぜ、理性によらない過程から理性的で信頼のできる知性（心）が生じる必然性があるのだろうか。しかし、意識や理性をもつ存在者が宇宙を支えているとすれば、認知能力の存在を理解するための前提ができる。神が存在するがゆえに、私たちの認知能力は信頼に値すると言えるのだ。

Ⅲ　神遺伝子はあるのか？

ある人々は、自然宗教に関する主張を遺伝学の領域に持っていこうとする。もし私たちに宗教に向かう性質が自然に備わっているとしたら、それは遺伝子によるものなのか。別の言い方をするなら、神遺伝子というものがあるのだろうか。二〇〇四年に、遺伝学者のディーン・ヘイマーは、『神遺伝子――信仰はどのように遺伝子に組み込まれているのか』（原題・*The God Gene: How Faith is Hardwired into Our Genes*）と題する著書を出版した。この考えは広く知られるようになり、その年タイム誌に取り上げられるほどだった。ところが、ヘイマーの著書には不十分なところがいくつかあり、科学者の間では懐疑的な目で見られた。タイム誌は、ヘイマーの本が学界での評価は低かったことを書かなかった。それを書けば世間でセンセーショナルな話題にならないからだ。しかし、宗教性がひとつの遺伝子に依存するという考えには、ひとかけらの真実もない。神遺伝子などはないのだ。

どうしてそれがわかるのだろうか。それは、一卵性双生児に関する多くの研究からわかる。

一卵性双生児は、まったく同じ遺伝子をもっているが、宗教性に関しては違いが現れることが往々にしてある。[*123] これらの研究から、「無私無欲」や「自己超越」といった行動には、遺伝とのつながりがあることが示されている。が、そのつながりは数多くの異なった遺伝子にまたがって広がっていて、ある特定の遺伝子と結びついているわけではない。さらに、「無私無欲」や「自己超越」の能力は、宗教を信じる人に限ったことではなく、宗教を信じない人たちにも備わっている。科学の示すところは、スピリチュアリティ（精神性）は非常に複雑だということだ。したがって、特定の神遺伝子なるものは存在しない。

おもしろいことに、双生児の研究から、育ちのほうが遺伝より大きな影響があることがわかっている。成人した時に身についている信念は、成長する間に接していた信念であることが多い。しかし、これですべての信念について説明がつくわけではない。両親がクリスチャンなのに、子どもには信仰がないのをどう説明できるだろうか。あるいは、両親は信仰をもっていないのに、子どもがクリスチャンになるケースは？　これは世界中の数えきれないほど多くの人々の体験だ。さらにまた、世界でもっともクリスチャン人口が伸びている地域の中には、前の世代に宗教が禁じられていた国があるという事実は、どう説明できるのか。中国では、毛沢東主席が宗教を抹殺しようとし、次々と図書館から宗教関係の書籍を取り出し、焚書《ふんしょ》を行った。しかし、今日なお続く迫害にもかかわらず、中国には、世界でもっとも急速に成長している教会があり、推定では約一億人の教会員がいるという。育ちは影響するが、結果を保証するものではない。

神遺伝子がないことには、良い面と悪い面がある。良い面は、遺伝子によって信じたくないものを無理矢理信じさせられたりしないこと。悪い面は、自分の選択を遺伝子のせいにできないことだ。神を信じるか信じないかは選択の問題である。だれにでも〝信じる〟決心をするのに必要なDNAはすべて備わっている。

もしかすると神は存在する？

宗教認知科学は、神を信じることを取り巻く呪縛を解いたのだろうか。科学領域としての宗教認知科学は、神という信念を科学的に解明したわけではない。私たちがどう信じ、どんな意見をもつかによって、異なる結論に導かれるのだ。自然法則に基づいて宗教心の傾向を説明しても、実際に神が存在するか否かについては何も述べたことにならない。それは、フェイスブックのソフトウエアの設計がわかったからといって、マーク・ザッカーバーグの存在が打ち消されることにはならないのに似て、知性（心）がどのようにはたらくのか理解できたから、神は存在しないとはならないのである。

もしかすると、神が存在するので私たちは神を信じるように組み立てられているのだろうか？　フラー神学校の心理学教授ジャスティン・バレットは、私たちの認知機能をラジオにたとえている。[*124] ラジオの仕組みを理解できても、「あちらの彼方で」だれが放送をしているのかわかるわけではない。さらに、ラジオの周波数をどこに合わせればいいのかもわからない。電波を受信できるラジオというものがわかるだけだ。もしかすると、私たち人間が宗教に向かう自然な傾向があるのは、神につながることができるように造られたからなのかもしれない。

◆自然宗教としてのキリスト教

ジャスティン・バレットは、「自然宗教」の特徴の多くはキリスト教信仰にも当てはまると考えている。別の言い方をすれば、キリスト教の随所に「自然な要素」があるということだ。たとえば自然宗教によれば、人々は、目的をもった超人間的な存在者によって宇宙が創造されたという感覚が、生まれつきあると言う。キリスト教ではこれを、聖書の神によって宇宙が創造されたと言う。また、人間は肉体だけの存在ではないと私たちは本能的に考えるが、これはキリスト教では人間には魂があると信じている。[*125] 宗教のもつ「自然な要素」のいくつかは、キリスト教信仰に問題なく当てはめることができる。

すべての人間には、神を知り、神とつながる能力が生まれながらに備わっているという考えも、聖書で述べられている。新約聖書に出てくる使徒パウロは違う角度から、当時のローマ教会に宛てた手紙の中でまさにこの考えに触れている。パウロは、神は人間から遠く離れて姿を隠しているのではないと言う。目に見えない神は、自然の中においてだれの目にも見えるのだ、と。さらに、人間には自分の周りにある見えるものを通して見えない神について思いめぐらす能力が自然と備わっている、とも記している。

「神について知りうることは、彼らの間で明らかです。神が彼らに明らかにされたのです。神の、目に見えない性質、すなわち神の永遠の力と神性は、世界が創造されたときから被造物を通して知られ、はっきりと認められるので、彼らに弁解の余地はありません。」

（新約聖書・ローマ人への手紙一章一九〜二〇節）

キリスト教世界観から見れば、「神の、目に見えない本性」は、「被造物」の中にはっきり認められる（見える）ということだ。自然現象の起源は自然現象である必要はない。この聖書箇所から言えるのは、自然現象のプロセスは「知られ、はっきりと認められ」、また理解されること、そしてまた、神の「永遠の力と神性」を物語るということだ。つまり、自然現象は自然を超越した起源を指し示し、はっきりわかることなのだ。

◆お返しをする？

数年前、友人のひとりが赤ちゃんを産んだので、私はその家族に食事を届けてあげようと思った。自分にも小さい子どもが二人いるので、ワクワクするようなメニューを考える時間もエネルギーもなく、結局、冷凍ピザとアイスクリームを持って立ち寄った。二週間くらいのうちに、この友人は、出産間もない赤ちゃんがいるにもかかわらず、私へのプレゼントを持って我が家にやって来た。このやりとりから、私たちの人間性に深く刻まれているものを思い出した。私たちは〝ギブアンドテイク〟の世界に住んでいるのだ。だれかが夕食に招いてくれたら、お返しとして数か月以内にはこちらから招こうと心にメモする。あなたの誕生日を覚えていてカードを送ってくれた友人は、お返しとしてカードを受け取る。カードを受け取らなかったら、たとえ友人の誕生日を覚えていてもカードを出すのを控えるのが社交上の礼儀というもの。ソーシャル・メディア（SNS）の投稿に「いいね」を押した人は、同じように相手からも「いいね」をもらう。私たちには、お返しの習性が組み込まれているかのようだ。

ところが、キリスト教の中心は、人々が益を受けるように「罪」をかぶってくれたひとりの人にある。その人は、自分に向けられた愛のゆえにではなく、その愛があろうとなかろうと、愛を表した。その人は、自分には過失は何ひとつないのに、私たちの過失と痛恨という重荷を負ってくれた。その人は、人々が、この世でも次の世でも生きることができるために死なれた。この無私の愛の行いは、自然宗教と完全に食い違うのではないだろうか。

進化生物学者たちは、自然界にも利他主義の例はあると主張する。自分を犠牲にした〈生体の〉行動が、ほかの生体の益になると言うのだ。[*126] たとえば、ベルベットモンキーは近づいてくる天敵の存在を仲間に知らせるため、警告を発する。ほかのサルにわかるような鳴き声をあげるのだが、それによって自分が捕まってしまう可能性が高くなる。アリのコロニーには、子孫をできるだけ多く残すように、ひたすら女王アリの面倒をみるだけで子を産まないはたらきアリがいる。

このような珍しい事例は大変興味深いものだが、これに批判的な人は、「それは、私たちがここで言っているような意味の利他主義の例にはならない」と言う。[*127] 生物学的な「犠牲」は、生殖適応度によって測られる。もし生体が自分の子孫の数を減らしても、ほかの生体の子孫の数を増えるようにするなら、それは利他的と見なされる。しかし、これは他者を助けようとする意図や自分の損失を招く行為とはまったく異なる。議論の余地はあるが、動物界にはここで言う利他主義はいっさいないのだ。つまり、生物学者たちが話題にする自然界の利他主義は、他者に表す私心のない、犠牲的な愛とは別ものなのである。

◆恵みを受けるようにプログラムされている？

キリスト教信仰の核心にあるものは、自然界にあるものとはまったく異なるものだ。イエス・キリストは、私たちと神を隔てている〝罪〟を取り除き、私たちと神を和解させてくれた。十字架の上で、イエスは自ら進んで命を捧げ、神と人との間の壊れた関係を回復された。もし神が、私たちのためにこれをなしてくれたのなら、私たち側がすべきことは、その友好の手を受け取るかどうかだ。

これを神の〝恵み〟という。しかし、恵みは「お返し」の世界にしっくり当てはまるものではなく、自然宗教の性質と相入れない。*128 長年キリスト教の信仰をもっている人であっても、次のような考えに抵抗しなければならない。それは、神との友情は、祈ったり、聖書を読んだり、人助けをするのにどれだけの時間を費やしたかにかかっているという考えである。神と友情を結ぶには、イエスが私たちのためにしてくれたこと、そして私たちがイエスを信じ従うことを選ぶか否かにかかっている。私たちの自然な本能は、神との「お返し」の関係をもとに天国への道を登って行こうとする。しかし、神であるイエスが人となることによって天国は私たちのところに降《くだ》ってきたのだ。神の恵みとは、自分の本来の姿から私たちを自由にし、自分自身でいる自由を与えてくれるものなのだ。恵みをつかんだ人は、かつては凶悪で奴隷商人だったが後に聖職者になったジョン・ニュートンとともにこう言うことができる。

　驚くばかりの　恵みなりき
この身の汚れを　知れるわれに[*129]
（おどろくばかりの恵み　なんと甘い響きなのか
　私のようなひとでなしを救ってくださった）

　恵みは、自然の習性ではなく、それとはまったく異質で、超自然的なものなのだ。同じことが、処女懐胎とイエスの受肉と死など、キリスト教の中心的な多くの信条についても言うことができる。おそらく、その中で最も不自然なものはイエスの復活だろう。これについては、第七章で詳しく考えることにする。ものごとの自然なあり方は、死んだ人は死んだままだ。ところが、キリスト教はその核心部分で超自然的なのだ。なぜなら、死んだ人が復活したと主張するからである。したがって、自然宗教だけでは語ることはできない。

　私たちは信仰をもつように、生まれつき仕組まれているのだろうか。ある意味では「イエス」だが、別の意味では「ノー」である。私たちはみな、神とつながるのに必要な脳機能を備えているが、遺伝子も認知能力もどちらも神とつながることを強要してはいない。私たちが生まれつき仕組まれてはいないことは確かで、だからこそ、ただ応えるだけでいいという、私たちには身にあまる神の愛を受けることができるのである。恵みは受け取るもので、獲得するものではない。恵みは不自然なもの。人間の通常の理解をはるかに超えるものなのだ。

＊　ピュー研究所の二〇一五年の調査では、「所属（する宗教）はない（unaffiliated）」という用語が使われている

＊＊　pewforum.org/2017/04/05/the-changing-global-religious-landscape

7　宗教経験は脳活動にすぎない？

側頭葉てんかん（Temporal Lobe Epilepsy, ＴＬＥ）は、脳の一部分が過剰に興奮することによって発作を引き起こす疾患だ。てんかん発作が起こる直前に、患者は「前兆」〔訳注・光が見えたりすることなど〕と呼ばれるものを経験をする。それは、畏怖の念や恍惚《こうこつ》感を感じることで、時には「神の存在」を感じることもある。小説家のフョードル・ドストエフスキーも患者の一人で、『白痴』や『悪魔』などの作品の中で自身のてんかんについて書いている。

前章に登場した脳神経外科医ワイルダー・ペンフィールドは、モントリオール法と呼ばれるてんかん治療法を開発した。この治療法では、側頭葉を刺激する外科的手法も用いられる。側頭葉を刺激された患者は、その最中に「自分の身体から離脱する」感覚が生じることがわかった。[*130] ここからいくつか興味深い疑問が生まれる。モントリオール法は、ある種の宗教経験を引き起こすのだろうか。

宗教経験というテーマは、私たちの多くにとっては縁遠いもので、私たちのレーダーにひっかかるのは、またいとこが「自分探し」の旅に出た時とか、大学の友人が後で後悔するようなものを吸ったり、ヨガを始めた時くらいだろう。てんかん患者から得られた前述の観察結果は、多くの人が長年信じてきたこと、つまり、宗教体験は単に脳活動で説明がつくということを裏づけているのだろうか。

今世紀に入ってから、神経学者たちは多くの研究結果を発表し、さまざまな宗教行為を行っている際に多くの脳部位が活性化していることを明らかにしている。*131 これらの発見によって、宗教経験は完全に自然現象に置き換えられるのだろうか。ここでも、私たちは脳にすぎないということなのか。かつて「神」との出会いだと思っていたことは、今や脳の仕業にすぎないというのか。神経科学は経験と科学のギャップを埋めて、神を閉め出してしまったのだろうか。

前章では、信仰が自然法則によって説明できるかを見たが、この章では宗教経験について類似した疑問を取り上げる。これから見るように、宗教経験は、神経科学が神学へと流れを変える分岐点にあり、一九九〇年代以降、この分野は「神経神学」と呼ばれるようになっている。

宗教経験とは何のことか？

宗教経験とは非常に幅の広い用語で、さまざまな信仰や習慣・実践を含んでいる。心理学者のウィリアム・ジェイムズ（一八四二～一九一〇年）の『宗教的経験の諸相』[*132]は、今でもこの分野における最大の貢献のひとつに挙げられる。『オックスフォード哲学辞典』によれば、宗教経験とは、「その内容として神的なものや超越的なものを含むあらゆる経験」[*133]と定義されている。宗教経験は、公の場で生じ、他者とともに経験されることもあれば、他者のいないところで経験する個人的なこともある。また、だれにでもわかる言葉のように普段の生活に密着したものから、日常の現実を超越するものまである。たとえば、神秘経験などがそうだ。短時間だけだが劇的な経験もあれば、神の導きや平安な感覚が長期間にわたって続くものもある。祈りや瞑想《めいそう》や賛美（歌）のように、人が行う宗教行為の中で生じる場合もあるが、新約聖書の「使徒の働き」に記された使徒パウロのダマスコ途上の経験（使徒の働き九章参照）のように、人が求めていないのに起こる場合もある。

宗教経験は、さまざまなことを意味するので、いくつかの問いに絞って議論しよう。

◆神は側頭葉にいる？

最初に次の問いを考えてみよう。人間の脳の中には、宗教経験や神に関係する部位があるのだろうか。ペンフィールドが側頭葉を刺激してみたところ、興味深い結果が得られている。これは、信仰をもっている人では活性化するが、不可知論者や信仰をもたない人ではそれほど活性化しない「ゴッド・スポット」〔訳注・神を感じる神経回路（脳部位）という意味〕なのだろうか。ゴッド・スポット、あるいは部位という考えは一九九〇年代にある程度注目され、[*134]『神は人間の脳のどこに住まわれるのか』（*Where God Lives in the Human Brain*）[*135]などの書籍が出版された。

この考えには懐疑的な人が多かった。というのも、すでに明らかになっているが、患者の中に、発作直前の「前兆」を宗教的な言葉で説明する人はほどんどなく、味やにおいや記憶や感情や喜びといった日常的な言葉を使う傾向があった。患者本人が霊的な場面に遭遇していると思っていないのなら、「ゴッド・スポット」という考えの説得力は弱くなる。（発作の）前兆がどのくらい宗教的なものとして語られるかは、脳活動そのものというより、むしろその人がすでにもっている信念に左右されていた。さらにまた、今日では神経学者は個々の「スポット（部位）」より脳内ネットワークを問題にする。あとで見るように、ひとつの脳部位が宗教活動に単独で関わっているというより、いくつかの部位からなるネットワークが関わっているのだ。だから、宗教経験を側頭葉の脳活動に置き換えてしまうことはできない。ちょうど、「神遺伝子」がないように、「ゴッド・スポット（脳部位）」もないのである。

◆「ゴッド・ヘルメット」

神経学者で哲学者のマイケル・パーシンガーは、それでも「ゴッド・スポット」説をあきらめなかった。今度は、てんかん患者でない人を対象に経頭蓋磁気刺激法《けいとうがいじきしげきほう》（ＴＭＳ）を使って、側頭葉を人為的に刺激することによって宗教経験を引き起こすことができるかどうか調べようとした。刺激信号はヘルメットを使って脳に与えられた。このヘルメットは、当初は発明者のスタンレー・コーレンにちなんで「コーレン・ヘルメット」と名づけられたが、のちにマスコミで「神が存在する感覚」を生み出すという意味で、「ゴッド・ヘルメット」という名に変えられた。

パーシンガーによれば、ヘルメットをかぶった人の八割が「何かがいる感覚」を報告したが、何人かの話では、それは神秘的だったり宗教的なものだったりしたということだ。一方で、実験の参加者の中で神を信じないという人は、それとは大きく違う結果を示した。スーザン・ブラックモアは、怒りなどの非常に強烈な感情が湧いたが、「何かがいる感覚」は抱かなかったと言い、リチャード・ドーキンスは、左脚が引きつる感覚以外何も感じなかったという。*136

パーシンガーの実験結果に対する評価はさまざまだ。神を信じるとか宗教経験をすることは、右側頭葉の活動と強く結びついている証拠だと解釈する人もいれば、いくつかの理由で疑わしい結果だと見る人もいる。その一つは、参加者の中にはＴＭＳ刺激がなくても「何かがいる」感覚をもった人がいて、暗示の力がはたらいた可能性がある。二つめの理由は、このデータは再現するのが困難なこと。三つめは、ＴＭＳ磁場の強さが通常研究に用いられるものよりかなり弱く、脳内に変化を生じるのに不十分だったと思われること。

たとえパーシンガーが人為的に宗教経験を引き起こすのに成功したとしても、それで宗教経験がすべて打ち消されてしまうわけではない。哲学者たちの議論では、人為的に視神経を刺激して、リンゴを見るという経験を生じさせたからといって、リンゴそのものの実在を打ち消すことにはならないのだ。[137] それを手がかりに、視覚経験に関わる脳部位があることとそのメカニズムがわかるということだ。リンゴが錯覚だと言い切ることは断じてない。たとえ宗教経験を人為的に生じさせることができるとしても、宗教経験がすべて錯覚ということにはならない。

◆クリスチャンの祈りと仏教徒の瞑想

祈るとき、脳で何が起こっているのだろうか。過去三十年で、脳機能イメージングの手法を使って、さまざまな宗教行為をしている時の脳の内部が観察されてきた。アンドリュー・ニューバーグ教授をはじめとする神経学者はこの研究の先駆者で、仏教徒の瞑想や儀式やトランス状態、クリスチャンの祈りを研究している。その中には「異言の祈り」という普通の祈りとは異なるタイプの祈りも含まれている。これは、通常の言語を超えた言語で祈ることを言う。[138] 二〇〇九年のある記事では、祈りや瞑想に関わる脳部位が四十箇所も上げられていて、[139] 精神活動をしている時に脳は非常に活性化されていることを示している。

脳活動があらゆる宗教行為に伴うとすれば、どの宗教も本質的には同じということになるのだろうか。これは、ニューロン（神経細胞）のレベルで見れば、宗教間に違いはないことを意味しているのか？　なるほど、だが神経科学はそうではないと言っているようだ。これまでの研究では、異なるタイプの祈りには異なる脳活動パターンが現れることが示されている。たとえば、人格をもった存在者に祈る時は関係性に関わる脳部位が活動するが、仏教徒の瞑想はそのように対象が特定されたものではないので、いろいろな脳内ネットワークが関わる。この分野の私たちの理解はまだこれからで、はっきりした結論を導くのは時期尚早だ。しかし、脳がすべての宗教行為を画一的な仕方で処理していないのは確かだろう。

さまざまな世界宗教の妥当性に関する疑問は、神経科学を超えて、哲学や神学にまで及んでいる。第一章で取り上げた問い、すなわちその宗教は「内的一貫性があるか？」「説得力のある説明か？」「生きる根拠になるか？」は、宗教を評価するのに役立つ枠組みとなる。この章の後半では、特にキリスト教信仰での宗教経験に絞って扱うことにする。

脳活動は、経験が現実ではないことを意味する？

ニューバーグらの発見は、興味深い疑問を投げかけている。祈っている最中に脳活動があるということは、すべてが頭の中で起こっているということなのか？　脳活動があると、神との出会いは本物ではないのだろうか？

そうとは限らない。

祈りには単なる脳活動以上のものがある。脳内のどこで何が起こっているかがわかるからといって、祈りを完全に説明できたことにはならない。

チョコレートが好きな人はたくさんいる。私もチョコレートが好きだ。おいしいだけでなく、これから味わおうとするその味への期待も、私たちを夢中にさせる。現在神経学者が理解していることはこうだ。チョコレートを食べようとするまさにその瞬間から「喜び」や「報酬」の中枢ネットワークが発火し始め、脳内化学物質を分泌して、お決まりの「幸福感」へと導く。ここで作用するネットワークは、私たちが恋をしている時に過熱するのと同じものだし、薬物中毒になった時に制御不能状態になるのと同じ部分だ。

チョコレートを食べる時に脳がどう関わるのかを理解することと、チョコレートを味わうことは同じではない。脳が関わっていると知ったからといって、チョコレートを味わうことに意味がなくなるわけではない。「意識のハード・プロブレム」（三章と四章を参照）という用語が作られたのは、まさに脳の作用と人間の経験が非常に異なるものだからだ。脳活動という説明で、正真正銘の経験を抹消してしまうことはできない。

さらにまた、脳機能のデータからは、なぜチョコレートを食べようとしたのか、その日に起こったどんな出来事によってそのような状態に至ったのか、食べること全般にどんな感情が結びついているのかを知ることはできない。だれかの誕生日を祝っているのかもしれないし、一日中何も食べていなくてとりあえず食べようと手にとったのかもしれないし、罪悪感を抱いているのかもしれない。同様に、恋愛中の人の脳のはたらきについて、ある程度は理解できるかもしれないが、そこから恋の相手にだれを選んだのかや、毎日どのくらいの時間恋人といるのか、またどのような付き合い方をしているのかなど、何もわからない。たとえ神経生物学的に薬物中毒を理解したとしても、どうやって破壊的な薬物がその人の人生の病巣になってしまったのかを知ることはできない。

神との出会いが本物かどうか判断する前に、尋ねなければならないことがある。それはどのような出会いなのか？　その人の信じていることと辻褄が合うのか？　他にもこのような出会いの例があるのか？　それは確かめることができるのか？　その出会いが本物なのか判断するには、その人の証言、さらにほかの人の証言も脳活動の信号と同じくらい重要になる。脳機能イメージングから得られるものはとても多いが、そこからわかることには限界もある。脳活動が、神との出会いには信憑性がないと意味するわけではない。

脳活動は神の存在を否定するのか？

ニューロンの活動は、神の存在に疑問を投げかけるのか。クリスチャンは、神経科学が神を閉め出してしまうと恐れるべきだろうか。そんなことはない。脳を通じて経験されるものごとがあるからといって、それが脳から生じていることにはならない。脳に報酬系回路〔訳注・欲求が満たされたとき、あるいは満たされることがわかった時に活性化し、その個体に快の感覚を与える神経系〕があると知っていても、だからといってチョコレートがあるかないかがどうでもよいことにはならない。どうでもよいと思うのはバカげた考えだ！　同じように、ボーイフレンドやガールフレンドやパートナーは私たちの脳を活性化するが、彼らの存在は脳が作り出したものではないかと疑ったりはしない。チョコレートがあるとか、パートナーがいるというまさにその事実が、脳を活性化させるのだ。

同じように、祈っている時に脳活動が生じるからといって、神の存在が否定されるものではない。事実、アルストンやプラティンガやスウィンバーンをはじめとする哲学者は、正真正銘の宗教経験は広い意味で神が存在する証拠だと言う。*140 そして、確かに神が存在するなら、神と出会った時に私たちの脳が活性化するよう、神が創造したとしても何も驚くことではない。脳活動に関するデータは宗教、特にキリスト教の信仰には脅威とはならない。

もちろん、私たちは脳にすぎないと信じるなら、脳活動によって宗教経験をすべて説明しつくせると言うことはできるだろう。しかし、もし脳とは別に心があり、脳に作用するのならば、脳活動はいくつかある説明の一つにすぎないことになる。脳活動か神の実在のどちらかを選ばなければならないと結論づけるのは、真実を矮小化するようなものだ。宗教経験を充分に理解するには、どちらも必要なのである。

◆大いなる期待

祈るとき、脳と心の両方がはたらくというのが私たちが思い描く姿だ。聖書からわかるように神は、人を物質的な面と霊的な面をもつものに創造された。人は、物質的なものと霊的なものがともにはたらくことを形に表した、不思議で美しい存在だ。もし神との出会いが本当なら、脳はその時に蚊帳《かや》の外に置かれるのではなく、はたらきを与えられると考えるのが妥当だろう。脳活動があるから神の存在が疑わしくなるのではなく、脳活動があるのは当然と考えるべきだ。物質的なものと霊的なものとが作用し合って、一つの具体的なはたらきとなる。神学者のN・T・ライトは、次のように述べている。

……神の世界と私たちの世界が……切り離され、別々のものだとは考えられない。この二つの世界は重なり合い、つながっている。神はつねにこの世界にはたらきかけている。また神はつねに、魂とか霊など一つの領域を通してだけでなく、私たちの存在のあらゆる部分、とりわけ体を通して、常に人の内側にはたらきかけ、語りかけている。だから、私は神経科学が将来もたらす発見に不安はない。たとえ、人が神とその愛に応答したり、礼拝したり、祈ったり、讃美したりする時を含め、どのような状況で正確にどのニューロンが発火するのか完全に解明されてもだ。創造者が数えきれない仕方で被造物と関わらないはずがあろうか。脳や心臓や身体がすべて、さまざまな方法で見事なまでに相互に結びついていないなどということがどうしてあるだろうか。それゆえ、それらすべてを表現するための心と魂と霊についての豊かな表現方法がなくてはならないのだ。*141

聖書は、人を幽霊や洗脳された機械と呼んだりはしていない。からだ（物質）と霊をもった存在と見なしているのだ。祈りの最中に脳活動がないとしたら、そのほうが心配だ！

◆でも、宗教的な脳なんて持っていない！

神を見出しやすい人、見出しにくい人がいるのだろうか。私がどのくらい神を信じるかは、自分の脳の神経組織に関係しているのだろうか。「そうです」という答えを好む人がいるかもしれない。というのは、そう答えることでこの問題を文字どおり手放して、頭の中の問題にできるから！　自分は信仰をもつのにふさわしい脳なんて持ってない、と。しかし、これまでの脳機能イメージングのデータからはこのような結論を導くことはできない。

我が家は、部屋の真ん中にあるテーブルを囲んで団らんする。ダイニングテーブルという名前になっているが、実際にはさまざまなことに使われる。もちろん、家族や友人たちとそこで食事をしたりするが、子どもたちは宿題をやったり工作をしたりする。このテーブルでミーティングをしたり、この本の原稿を書くこともある。テーブルにはたった一つの役割しかないわけではなく、たくさんの違った役割を果たす。一日の時間によって、テーブルは書斎であったり、ミーティングの場だったり、食事の場になったり、創作をするスペースになったりする。

同じことが、祈りの最中に使われる脳部位についても言える。霊的な活動に特化した部位というものはない。脳内のどの部位もいくつもの役割を担っていて、宗教行為をする時にも使われる。脳の構造上、神との交わりの深い人とそうでない人がいるのだろうか。そんなことはない。どの人にも、必要な脳の仕組みが備わっている。

そもそもどうして問題なの？

私たちの中に、自分は宗教的な人間ではないし、そうなりたいとも思わないという人が多くいると思う。たとえ山の頂上に立つような経験を求める人でも、キリスト教は視野に入ってこない。西洋の教会といえば、無味乾燥で退屈な礼拝や教会員の減少が言われ、神を求める人を惹きつける場としてはあまり魅力はない。宗教的な出会いという考えは、自分は無宗教だという人に対して何を意味するのだろうか。

キリスト教信仰は、もっと途方もないことを物語るし、ある意味では、あたり前のことも物語る。宗教経験は大切だが、それがキリスト教を存続させたり、倒れさせることはない。キリスト教は、人類の歴史を土台として、イエス・キリストの人生と死と復活を中心に成り立っている。神であり人であるイエスは、死者の中から復活して、もう二度と死ぬことはないのか。もしそれが実際に起ったことであるのなら、何もかもが違ってくる。もし起こらなかったのなら、悲しいかな、クリスチャンは誤りを犯していることになる。もちろん、イエスの遺体がどうなったのかについて、想像豊かな説が数多く出されてきた。ここは、そのさまざまな説を述べる場ではないので、こう言うにとどめておく。懐疑的だった人々の多くが、イエスは死者の中からよみがえったに違いないという結論に至っている。その中には、イエスの復活が誤りであると証明しようとした弁護士もいる*142。もしまだイエスの復活の証拠に公平に耳を傾けていないなら、トライしてみようと考えてはどうか。

　私の夫コンラッドは、昔からクリスチャンだったわけではない。コンラッドは十九歳のとき、若干しぶしぶではあったが、考えを変えた。どうしてか？　イエスの復活は本当だと気づいたのだ。思慮深い人たちがどうしてそのような判断に至るのかと、尋ねるかもしれない。それは、復活のイエスに会った後のイエスの弟子たちに起った劇的な変化を見れば明らかだ。イエスが十字架刑で死んだ日、弟子たちは自分たちも殺されるのではないかと身を隠し、恐れ、自分を守ろうと、不安でいっぱいだった。しかしその六週間後には、すべてを犠牲にして、イエスはよみがえったという知らせを広めるようになった。投獄も拷問も処刑もかえりみず、恐れることなく公衆の面前また権力者の前で語った。どのような方法にせよ、初代キリスト教の主要人物たちは、自ら信じることのために死ぬ覚悟をもっていた。弟子たちのこのような劇的な変化は、どうして起ったのだろうか。師であり、友であり、主である方が墓からよみがえり、復活したのを見たからだと、私は思う。

　二千年前の出来事が二一世紀の自分と脳活動にどんな関係があるのか、と尋ねるかもしれないが、関係はあるのだ。なぜなら、宗教経験は私たちの多くには、見ることもできない、なくてもよいもののようになっているが、神を知るようにとだれもが招かれているのだから。私たちが招かれているのは、意味のよくわからない、堅苦しく、遠い存在の神とのつながりでも、現実離れした神秘的体験でもない。神を知るための招きとは、死からの復活なのだ。そして、これは未来の希望にすぎないのではなく、今まさに経験できる現実だ。クリスチャンになるということは、悪に背を向け、キリストを死者からよみがえらせた神を、自分の人生に招き入れること。使徒パウロは、ローマの教会に宛てた手紙の中で、こう記している。

「イエスを死者の中からよみがえらせた方の御霊が、あなたがたのうちに住んでおられるなら、キリストを死者の中からよみがえらせた方は、あなたがたのうちに住んでおられるご自分の御霊によって、あなたがたの死ぬべきからだも生かしてくださいます。」

（新約聖書・ローマ人への手紙八章一一節）

聖霊は、私たちのうちで瀕死《ひんし》状態のものにいのちを与えてくれる「死ぬべきからだも生かして」くれる。これはどんなことを言っているのだろうか。行き詰まった仕事や、ひどい上司を我慢できるようになることかもしれない。もしかすると、疎遠になっていた親類とまたつながることかもしれない。ひょっとすると、依存症や自傷的な習慣から解放されることかもしれない。仕事や試験のプレッシャーに負けない力ができる。聖霊を通して、神は日常的な状況や普通の人々に変化をもたらし、まさに現実的なやり方で私たちと出会われる。私たち自身の態度までも変化し始める。私たちが良い方向に変わっていくのだ。クリスチャンはだれでも、自分のうちに住む聖霊を通して神を経験する。これには、パニック状況で経験する大きな平安から圧倒的な神の臨在《りんざい》までいろいろな体験がある。

いつの日か、このような変化の意味がすべて明らかにされる。いつの日か、神はすべてを新しくされる。いつの日か、神を知る人々は永遠に神を知り続けるようになる。いつの日か、神は目と目を合わせて会ってくださる。

だれもが招かれている

私は、自分が通う教会で、障がいをもつひとりの男の子が洗礼を受けた日のことが忘れられない。この子の障がいのことは、車椅子が必要なことと音声認識ソフトを通さなければ話ができないことを除いては、よく知らない。私の胸を強く打ったのは、洗礼を受ける前に、「あなたはキリストを信じますか」「悪から離れますか」「罪を悔い改めますか」という問いかけに答えるところだった。ひとつひとつの問いかけに答える男の子の様子は、今そこで何が起きているのか、なぜ起きているのかをしっかり理解していた。この洗礼式は、神との関係には、何の障がいもない脳が必要だとはされていないことを教えている。脳機能に障がいのある人も神を知ることができるし、神に知ってもらうことができる。

彼、ルークは、知的にも身体的にも障がいがあるが、生まれてからずっと私たちの教会のメンバーだ。ルークは礼拝の間静かにしている時もあれば、身体を前後に揺らしてリズミカルな声を上げることもある。時折り、特に説教や祈りやある決まった賛美の時に手を叩《たた》く。ある人々には、これらの場面は、見るものや聞こえるものが刺激となって、障がいのある人が興奮するケースに見えるだろう。私は心から、ルークはわかっていると思う。彼の両親や十九年以上ルークの世話をしてきた教会の人たちは、ルークがいつもどれほど神に心を開いているか話してくれる。礼拝後、数えきれないほどの人がルークのところに来て、彼のおかげて新しいことに目が開かれたと感謝を述べる。ルークの目をのぞいたら、そこに神の愛が輝いているのを見るだろう。ルークは神を知っている。知的障がいや身体的障がいがあっても神を体験し、何にも妨げられることなくそれを表している。そのとき、どの脳内ネットワークが発火しているかなど、だれにわかるだろうか。

しかし、ひとつはっきりしていることがある。それは、どんな障がいがあったとしても、だれでも神を知ることができるということだ。身体的にも知的にも障がいのない人々は、障がいのある人々から学ぶことがたくさんある。神は人間の脳より偉大であり、認知能力に関係なく、だれとでも個人的な関係を結ぶことができる。神の手が届かない人はいないのだ。

8 なぜ私は考えることができるのか？

この本を終えるにあたって、始まりに戻ろう。ある雨の日にひとりの子どもが窓際に座って窓ガラスに当たる雨粒を眺めている。その子とは、覚えているだろうか、私のこと。少し退屈だったので、私の頭には疑問がいくつか浮かんできた。「考えることができるのはなぜ？」「なぜ私はここに存在しているんだろう？」「なぜ私は息をして、自分が生きていることがわかるんだろう？」 疑問はどこからともなく浮かんだように思う。何のきっかけもなく。おそらく、そう願ったわけでも、探し求めていたわけでもない。ただそこに座っていただけ。でも、そこに疑問があった。なぜ私は考えることができるのか？ おそらく、あなたにも似たような経験があるだろう。

ここまで、この本では、人間の意識に関するいくつかの疑問を考えてきた。脳が私のすべてなのか？ 魂を信じるなんて時代遅れなのか？ 私たちはただの機械なのか？ 私たちは信じるようにプログラムされているのか？ 宗教経験は脳活動にすぎないのか？——私たちの住む世界は意味をもたない物質でできているのだから、これらの問いに対する答えは、すべて「イエス」に決まっていると言う人がいる。私の主張は、この世界に目に見えるものを超える何かがあるなら、どの問いにも答えははっきり「ノー」だということ。人間は、自分の脳以上の存在だ。脳が考えるのではなく、人間が脳を使って考えるのだ。人間には、意識をもった心があり、それが脳とやりとりをするのであって脳と同一ではない。私が子どもの頃も、そのようなことを感じていた。思考をしている主体は私で、脳ではない！

神経科学の発見から導かれる結論は、「人とは脳だ」以外の可能性もあるということだ。その他にも科学者や哲学者が唱える説があり、その中には、人間性と自分の経験についてもっと納得できる説があると私は思っている。その考えについては第四章で概説した。神経科学上の発見は、神の存在とまったく矛盾しないし、どちらか一方を信じたらもう一方を否定するわけではない。神経科学は、私たちが考えている時に脳内で生じているプロセスを説明してくれるが、私が窓辺に座って考えていた疑問（考えることができるのはなぜ？）には答えることができない。つまり、神経科学には答えられない問いや、もともと神経科学の範疇《はんちゅう》の外にある問いがあるということだ。

意識の意味とは？

意識とは本当のところ、いったい何なのかという疑問に対する答えはなかなか出てこない。しかし、少なくとも意識の存在がほぼ合意事項であれば、おそらく、この哲学的行き詰まりを解消するには、こう問えばいいだろう。意識は何のためにあるのか？　なぜ意識が存在するのか？　別の言葉で言えば、そもそもどうして私は考えることができるのか？

最近の「ニュー・サイエンティスト」誌に載った論文がまさにこの疑問を扱っている。それはこうだ。「意識があるのはなぜか——他に類を見ない私たちの心のあり得ない起源」。この専門誌は無神論の立場でよく知られているが、著者のボブ・ホームズは、私たちの現段階の知識の限界と、意識についてこれまでと違う問いをする必要があることを認め、さらに前進するには意識の起源と目的を問う必要があると、次のように述べている。

意識を示す、特定の脳活動パターンはない。……意識とは何かさえ充分にはわかっていない。しかし、おそらくやり方はあるはずだ。意識の起源をたどったらどうか。それから、意識とは何かと問うかわりに、こう問うのだ。意識はなぜ進化したのか？——つまり、意識は何のためにあるのか？*143

意識の歴史をさかのぼって、その起源にたどり着くことはできるのだろうか。これはいい質問だ。もちろん、何を信じているかによって、どこまでさかのぼればいいかが違ってくる。もし自然法則に支配される世界（自然界）が存在するすべてだと信じるなら、意識の起源の探求はこの世界に限られる。驚くにはあたらないが、この論文は、動物界における進化の歴史の中に意識の痕跡を見つけようとしている。しかし、もしこの世界にあるものが動物や野菜やミネラルだけではなかったとしたら？　意識の起源が、これよりもっと過去にさかのぼるとしたら？　もしそうであるなら、自然界以外にも探求の場を広げる必要がある。

第四章で、もし意識の起源を「神」という名で知られ、永遠に存在する、意識をもった存在にまでたどれるとしたらどうかと考えた。これが本当なら、何が得られるだろうか。その意味はこうだ。被造物の世界では、意識と心と脳は不思議な形でひとつになっているが、肉体がなくても意識をもつことは可能だ。物質的なものが存在する前から神は存在され、イエスが語ったように、神は霊である（新約聖書・ヨハネの福音書四章二四節）。私たちの生きるこの時代にこんなことを言ったら、論議を呼ぶだろう。何と言っても、一九八五年にマドンナが高らかに歌った「私たちは物欲の世界に生きている」という歌詞に表された物理主義思想が、この三十年間支配力を強めているのだから。*144 しかし論議を呼ぶからといって、この神の問題をあっさり退ける前に、少なくとも偏見にとらわれないで科学的に考える態度をもち続け、もう少し探究を深めてみよう。

人間は何が特別なの？

私たちが何を信じていようと、人間のいのちは大切だということに異論を唱える人はいないだろう。人身売買から幼児虐待、ネット上のいじめまで、いのちを貶《おとし》めるどんなものにも私たちは拒絶感をもつ。しかし、それはなぜ？　私たちに根づいている価値観はどこから来るのだろうか。聖書によれば、人間は神の似姿《イメージ》に創造された（旧約聖書・創世記一章二七節）。だれかの「似姿《イメージ》」に作られるとはどういう意味なのか。日頃私たちは、子どもが親に「生き写し」だという話をする。つまり、子どもと親がとても似ているということだ。同じように、脳をスキャンすると、脳の詳細が映し出される。それは脳そのものではないけれど、脳に非常に似た像《イメージ》が作成され、それは私たちの頭の中の脳を示し、その様子を明らかにしている。

これを当てはめると、私たちは神の似姿《イメージ》に作られたとは、神がどのような存在かを私たちが映し出していることを示している。たとえば人間関係については、考えるまでもなく、私たち人間は関係を作る生きものだということはすぐわかる。映画や動画配信サイトの中に、友人関係や夫婦関係、恋愛関係や親子関係が、できたり、壊れたり、また修復したりといったことをテーマとしないものがあるだろうか。十代の子たちの願いは、友だちグループに入れてもらえること。個人中心になった西洋社会では、孤独感はもはやガンのようだ。ソーシャルメディア（SNS）がこんなに広く普及しているにもかかわらず。私たちは関係の中で生きる存在だ。しかしなぜ？　それは単に生殖のため？　そうではない。人が神の似姿《イメージ》に作られたという思想からは、もっと大切な理由が説明できる。私たちが人との関係の中で生きるのは、神自身がそうだからだ。神はつねに、父と御子（イエス）と聖霊の交わりとして存在する。三つの人格をもった唯一の神なのだ。

旧約聖書の原語であるヘブル語の「イメージ（似姿）」には、個人としての責任、また道徳的責任といった意味が含まれる。人間は、進化した類人猿以上のものだ。事実、旧約聖書の詩篇の作者は、私たちを動物に近いというよりむしろ天の御使《みつか》いに近いものとして描いて、次のように語る。

あなたは　人を御使いより
わずかに欠けがあるものとし

これに栄光と誉《ほま》れの冠を
かぶらせてくださいました。
（旧約聖書・詩篇八篇五節）

人間は、地上で神を代表する存在なので自然界を管理する役割もある。神の似姿《イメージ》だと考えると、「脳が私のすべてなのか？」という疑問に答えが見つけやすくなる。もし私たちが神の形《イメージ》に似せて作られたのなら、自分というアイデンティティの根本部分が、変性疾患や年齢による衰えによって変わってしまうことはない。だれもが限りなく高価な存在であり、神に愛されているのだ。だれもが意味と目的のある人生を送るように神の似姿《イメージ》に作られている。

神の似姿《イメージ》という概念をもとにすれば、「私はなぜ考えることができるのか？」という問いに答えることもできる。私たちには知性がある。なぜなら、神に知性があるから。私たちが思考するのは、神が思考するから。神に意識があるから、私たちに意識がある。そして、私たちの心（知性）、すなわち自己と世界を意識する能力は、充分に真実性のあるものだが、それだけで説明し尽くせたとは言えない。

そこにだれかいる？

今日、家庭にあるテレビのほとんどは、デジタルで高画質だ。しかし、ある年代の人々は、アンテナがテレビの上にのっていたアナログ・テレビの時代を覚えているだろう。その頃のテレビは、四つしかないチャンネルに合わせなければ映らなかったのだが、そこで電波を受信するためのアンテナが鍵になる。画面がいちばんきれいに映るのは、だれかが部屋の端でアンテナを持っている時だったりしたものだ。ありがたいことに、アンテナが必要な時代はずっと昔に終わってしまった。しかし、このアンテナを考えることが意識を理解するうえで助けになる。

私たちの住む物質世界では、心や意識はあたかも電気のようなものだと議論されることがよくある。テレビがどんな仕組みで動くかということに似ている。しかし、意識が、電気よりアンテナに似ているとしたらどうだろう？[*145] 脳に入力されたり、出力されたり、脳を取り巻く数えきれない信号の伝達を仲立ちするものと見たほうがいいかもしれない。物質主義者の中にはこのような見方に賛同して、人間の意識を一種の「中央制御系」と考える人もいる。ただし、ここでいう信号は物質世界のものに限られるのだが。しかし、もし神が存在するなら、物質世界内からの信号も物質世界を超えたところからの信号もあることになる。つまり、神自身からの信号である。
だとすれば、意識があるのは、私たちが神を知ることができるためと言える。

◆接近遭遇

私の友人であり同僚でもあるデイヴィッド・ベネットは二十代のはじめ、無神論者で同性愛者の権利擁護活動家だった。彼の著書『愛の戦い』（原題・*A War of Loves*）を読むと、映画製作者のマデリンと出会った時の衝撃が詳しく書かれている。マデリンは、自分のキリスト教信仰をもとにした動機やひらめきによって映画を製作することに後ろめたさを感じるタイプではなかった。[*146] それに対するデイヴィッドの最初の反応は、非常に強い反感だった。神とは、楽しみを台なしにし、決まりを押しつけ、人と親しくすることのない奴隷監督だと彼は信じていた。デイヴィッドにとって、キリスト教信仰には魅力を感じるところが何もなかった。そんな彼に、マデリンから大事な問いかけがあった。「あなたは、神の愛を体験したことがあるの？」マデリンにとって、神は客観的にも、経験を通しても真実で確かな存在だった。

キリスト教信仰は歴史や哲学や神学に根ざしているだけではない。神は私たちが出会うことのできる人格をもった存在なのだ。神は直接体験できる存在であって、間接的に観察する対象ではない。多くの人は、神と神を信じる人々について傍から見るだけで結論を出してしまうが、それが正しいとはかぎらない。私たちが知ることができる存在である神が、「わたしと関係をもとう」と言ってくれるのである。神を体験してみると、「口コミで」聞いていたこととあまりにも違っていることがよくある。デイヴィッドにとってもまさにそのとおりで、彼はマデリンの問いかけからまもなく、イエスに従う決心をしたのだった。

◆私たちはこの世界を超えたもののために創造された

心や脳や意識についての議論から、どんなことがわかるのだろうか。手短に言えば、「脳が私のすべてなのか？」にどう答えるかによって、私たちの今の生き方が変わるということだ。もし心が物質的なものにすぎないのなら、私たちの人生同様、一時的なものということになる。心はいつか消滅するのだから、今のうちに最大限利用すべきなのだ。人生は短い。スティーブン・ピンカーによれば、これが良い人生を送ろうとする原動力になる。ピンカーはこう書いている。

> どうして私たちは「人生は短い」と思うのか考えてみよう。そう思うことによって、大切な人に愛情を示したり、意味のない論争で矛《ほこ》を納めたり、時間をムダ遣いせず生かすように努めたりする。意識のある一瞬一瞬が貴重だが、はかないギフトだとわかることほど

人生に目的を与えてくれるものはない、と私は言いたい。*147

このような見方も確かにある。そういう生き方をしている人もいる。しかし、人生は短くてだれも自分を見てはいないと思ったら、簡単に良くない生き方に進んでいくことだってあるだろう。ひたすら成功を求め、その途中でだれかを踏みつぶしてもかまわないと言う人は数多くいる。人生は短いからこそ、この世に生きた証しを残したいとだれもが思う。とはいえ、人生は短くて、意識はもろいという見方がピンカーが描くような世界に結びつくとはかぎらない。反対に、意識の起源がこの世界を超越したところにあるとしたらどうだろう。人間に意識があるのは、別の世界のために私たちが創造されているからだとしたら？

「それはどんな世界？」 天国だと言っても多くの人にはウケないのだ。なぜなら、肉体をもたず、幽霊のようで宙に浮いたような、薄気味悪ささえ感じるような何かがいるところを連想させ、とても望ましいところには思えないからだ。または、天国は、ケルビム〔訳注・旧約聖書に描かれる、神のもとで仕える天使〕が雲の上に浮かんでいて、やたら魅惑的な場所のように描かれてしまう。この描写は、聖書をもとにした、天国や永遠についての認識ではなく、実はプラトンの思想から生まれたものだ。第二章で取り上げたように、肉体から切り離され、非物質的で不死の霊魂という考えだ。

宇宙

死の先にあるいのちについて、N・T・ライトなどの神学者たちが述べているように、聖書にはずいぶん違う姿が描かれている。[*148] 地上でのいのちと同様に、永遠のいのちは肉体を持ったものだ。私たちは天にふわふわと登って行くのではなく、新しい天と新しい地が私たちのところに下ってくる（新約聖書・ヨハネの黙示録二一章）。そこでは、私たちのすべての感覚が存分にはたらき、見ることも、聞くことも、触ることも、話すことも、味わうこともできる。天国はどの点においても、私たちが今日経験している世界と同じように現実的なもの。それは想像を超えて、大きく、よりすばらしく、美しく、真実味のあるものなのだ。

聖書の最後の箇所に、神はすべてを新しくするとある。新しい天と新しい地では、神は物質的な世界を回復し、私たちの身体も脳も心も復活させ、新しくする（再創造）。

肉体の復活という思想は、心に関するクリスチャンの見方とどのように結びつくだろうか。非還元的物理主義によれば、心は脳に付随しているだけだが、復活の思想では、人が死んだら神はその人を根本から再創造する。これが実際どのように起こるのかは、私たち人間のレベルでは理解不可能だ。人の脳状態ではなく、神の愛が死と再創造をつなぐ鍵となる。無から宇宙を創造することのできる神なら一人ひとりを再創造するのは難なくできるはずだ。

心は身体とは区別される存在とする実体二元論によれば、人の心は肉体が死んだのち、しばらくの間身体から切り離された状態にとどまり、のちにすべてが新しくされた時に、新しい復活の身体が与えられるとされる。いずれにせよ、クリスチャンは天国に浮かんで行くとは信じていない。人間は、この世でも次の世でも肉体を持っている。「天国」は実体をともなった、すばらしいものなのだ。

一九八六年、フレディ・マーキュリーは「永遠に生きたい人はだれだ？」と疑問を投げかけた。みんな永遠に生きたいわけではない。ピンカーのように、人生の長さよりも質に重きをおく人は多い。一方、避けられない老化を遅らせようと化粧をしたり、薬を飲む人もいる。トランスヒューマニズム〔訳注・超人間主義。新しい科学技術を用いて、人間の身体と認知能力を強化させようとする思想〕を信奉する人々は、自分を生体工学的な機械と人間のハイブリッドにアップグレードすることを求めている。選ばれた少数の人は、いつか科学技術が死そのものを覆《くつがえ》す日が来ることを願って、自分の肉体を凍結させることさえしている。永遠に生きたいという願望は否定しがたく存在する。それはなぜなのだろう。旧約聖書の「伝道者の書」の著者は、次のように書いて、この願望を表している。

「神のなさることは、すべて時にかなって美しい。神はまた、人の心に永遠を与えられた。しかし人は、神が行うみわざの始まりから終わりまでを見極めることができない。」
（伝道者の書三章一一節）

神は私たちの心に「永遠」を与えられた。しかし、神のわざの至る領域は、人間の知性で思い描ける範囲を超越している。意識そのものが計り知れず、とらえ難いと言えるが、それは美しく、すばらしいものでもある。その意味は何なのか。意識は、あらゆる感覚の入り口だ。この地上で生きるという体験の入り口、つまり神を体験し、知る入り口なのだ。今この時に、さらに永遠に。

問いを発する

この本のテーマである「脳が私のすべてなのか？」は、重要な問いである。人々はさまざまな答えを見つけている。しかし、私たちはみな疑問をもっている。その疑問に取り組んでいる人々もいれば、「怒りを募らせている」人々もいる。子どもの頃、私はよく「どうして私は考えることができるのかな？」と自問していた。そのうちにこの疑問から始まって、ほかのさまざまな疑問ももつようになった。

大学に入った頃、頭の片隅でフツフツと煮詰まっていた疑問は、「科学者であると、同時に神を信じるなんてできないって本当なの?」だった。ブリストルでの大学生活最初の一週間に、この疑問を直接ぶつける機会が訪れた。〝クリスチャンを質問攻めにしよう〟と宣伝された寮の催しに参加したのだ。それは夕食後に開かれた。四人のクリスチャンが一列になって部屋の前に座り、約二時間、人生や神や宇宙について自ら進んで「質問攻め」になったのだ。その催しの後半に、私は勇気を振り絞って手を上げ、質問をした。彼らの熟考された率直な回答を聞いて、私は「そうだ、厳格な科学者でありながら、神を信じることは可能だ」とわかった。この発見は驚きだったが、この瞬間から神を信じることは私には、理論としては可能になった。それから一年ほどは、理論でしかなかったが、クリスチャンたちと時間を過ごすようになり、彼らがどのような生き方をし、人と接し、何を言うのかを観察した。かなり多くのクリスチャンたちにいろいろな質問を浴びせた。

生化学の学位課程の大体半分が終わった頃、疑問がすべて解消したわけではなかったが、キリスト教は理解できるものだと思えるようになった。なぜ私には考える能力があるのか、なぜ科学が成り立つのか、なぜ苦しみがあるのか、いくら努力しても望むような完璧な人間になぜ自分はなれないのか、という疑問に、キリスト教は理にかなった答えを与えてくれた。それから、イエスは復活したという結論に至り、イエスは私との交わりを望んでいると悟った。私のさまざまな疑問が、イエスというひとりの人物へと導いたのだ。

一九九五年の春、私はイエス・キリストを信じる決心をし、クリスチャンになった。神を観察する立場から神の友になる立場に移された。神を知ろうと求める者から、神と個人的に出会った者へと変えられたのだ。それは一夜にして生じたわけではなく、別に劇的な経験があったわけでもないが、私の人生に、それまで知らなかった安らぎと一体感が生まれてきた。私が科学を学ぶ時に使っている知性は、神が与えてくれたものだと理解できたのだ。神が創造した世界を研究すればするほど、私は生化学が好きになり、人生の目的と意味を理解するようになった。そして、聖書を読むことに惹かれていった。かつて退屈で入り込めないと思った書物が、歴史書でありながら同時に、読むごとに今の自分の状況に語りかけてくるようになった。

私はまた、赦《ゆる》しの力も経験した。神に対する悪い思いや行いを認めると、神は私を赦してくれ、赦された私は他者を赦すことができるようになった。自分の苦々しい思いを神にゆだねることによって、新しい自由を体験するようになり、喜びを味わうようになった。私は、神から離れて歩んだ年月より長い期間、神とともに歩んで今に至っているが、自分の決心を後悔したことは一度もない。事実、だれかがもっと早く教えてくれていたらと思うくらいだ。

対話を続ける

あなたは数々の疑問をもっているかもしれない。そのうちのいくつかははっきりとしていて、ほかの疑問は心の奥のほうでモヤモヤしているかもしれない。私のアドバイスはこうだ。疑問を全部、聞いてみること。この人に聞けばいいという人がいるかもしれないが、もしいなくても対話する方法はある。そのいくつかを上げてみよう。

インターネット上に、参考になるサイトがいくつかある〔訳注・原著では、英語のサイトが紹介されているが、本訳書では日本語のサイト「オイコスオフィシャルサイト（https://biblelearning.net/）」（いのちのことば社）を紹介する。原著に紹介されている英語のサイトに興味のある読者は、脚注を参照いただきたい〕。また、新約聖書にあるマタイ、マルコ、ルカ、ヨハネが書いたイエスに関する四つの福音書のどれかひとつを自分で読んでみるのもいい。昔だれかからもらった聖書があったら手にとって読んでみてはどうだろうか。

最後に、あなたは神と離れて歩み続けるより神とともに歩みを始めるほうがいいと思っているかもしれない。それなら、ただ神に話しかければいい。

もしあなたが脳にすぎないなら、あなたはこの世界のために存在するにすぎず、生きるうえでの唯一の信念は、うまく生きて、できる間に人生を謳歌することになるだろう。しかし、キリスト教が教えるのは、あなたは脳以上の存在で、永遠のために創造されたということ。キリストとともにあっても離れていても、意識は永遠に存在し、心に永遠をもって生きるのだ。神は人を心と魂と脳に分離したりはしない。心と魂と脳が一つに調和した存在に人を戻して、完全なものにしようとしている。神とともに生きることを選んでみないか。心と脳について今どう信じたとしても、その選択を後悔することはないだろう。

もっと知りたい人のために

- **スーザン・ブラックモア『「意識」を語る』（NTT出版、二〇〇九年）**

世界の主要な哲学者や科学者との対話を収録したもの。意識に対する無神論的アプローチの分かりやすい要約。

- **ジョエル・グリーン、スチュアート・パーマー『*In Search of the Soul: Four Views of the Mind-body Problem*』（IVP Academic, 2005）（※未邦訳）**

心身問題に関する四つの理論的立場の紹介と評論。

- **サム・ハリス『*Free Will*』（Free Press, 2012）**

自由意志に関するハリス自身の過激な見解を痛烈に述べた小著。

- **トマス・ネーゲル『*Mind and Cosmos: Why the Materialist Neo-Darwinian Conception of Nature Is Almost Certainly False*』（OUP, 2012）（※未邦訳）**

物質主義哲学者の著した興味深い書。ネーゲルは、心身問題について、単に物質的なものだけではない新しい思考法を探し求めなければならないと主張する。

● エイドリアン・オーエン『*Into the Grey Zone: A Neuroscientists Explores the Border Between Life and Death*』（Faber & Faber, 2017）（※未邦訳）

神経学者が植物状態にある患者についての自身の研究を著したもの。また、重度の脳損傷を負っても意識をもっているらしいという驚くべき発見についても語る。

● J・P・モーランド、スコット・レイ『*Body and Soul: Human Nature and the Crisis in Ethics*』（IVP, 2000）（※未邦訳）

キリスト教の視点から、身体・精神二元論の擁護論を展開する。

● マルコム・ジーヴズ、ウォレン・S・ブラウン『*Neuroscience, Psychology and Religion: Illusions, Delusions and Realities About Human Nature*』（Templeton Press, 2009）（※未邦訳）

人間の本質についてのキリスト教的視点も織り混ぜて、心と脳に関する最新の理論を論じる。

● ジョナサン・J・ルース、アンガス・J・L・メヌージ、J・P・モーランド（編）『*The Blackwell Companion to Substance Dualism*』（Wiley-Blackwell, 2018）（※未邦訳）

心の哲学を代表する研究者の論文集。実体二元論を擁護する立場だが、批評も加え、物理主義との対比もなされている。

● R・J・ベリー『*Real Scientists, Real Faith*』（Lion, 2009）（※未邦訳）

キリスト教信仰を積極的に表明する十八人の科学者の物語。

・**聖書**

まだ聖書を一度も読んだことがなければ、手に取ってみる価値がある。イエスの伝記であるマタイ、マルコ、ルカ、ヨハネによる福音書のどれかから始めるとよい。

・**リー・ストロベル『ナザレのイエスは神の子か？「キリスト」を調べたジャーナリストの記録』（いのちのことば社、二〇〇四年）**

ストロベルは、無神論者のジャーナリストだったが、さまざまな分野の専門家十数名にインタビューした結果この本が出来上がった。

本書著者のその他の著書

・**シャロン・ディリックス『*Why?: Looking at God, Evil and Personal Suffering*』（IVP, 2013）（未邦訳）**

苦しみという難解な疑問に目をむけ、神を信じつつも、大きな苦しみを経験した人々の証しを交えて考察した本。二〇一四年、クリスチャン図書賞（Speaking Volumes Christian Book Award）受賞。

注

1　M. Robinson, *Absence of Mind* (Yale University Press, 2010), p 32.

2　www.bebrainfit.com (accessed 21.1.2019).

3　R. Tallis, *Aping Mankind: Neuromania, Darwinitis and the Misrepresentation of Humanity* (Acumen, 2011).

4　ヒポクラテス『古い医術について』小川政恭訳、岩波書店、一九六三年、五三頁。

5　C. Blakemore, *The Mind Machine* (BBC Books, 1990), p 270.

6　Oxford Dictionaries define it as "The element of a person that enables them to be aware of the world and their experiences, to think, and to feel; the faculty of consciousness and thought." oxforddictionaries.com. (accessed 21.1.2019).

7　J. Heil, *Philosophy of Mind: A Contemporary Introduction* (Routledge, 2013), p 183-184.

8　さらに詳しく知りたければ、ジョン・レノックス『科学ですべて解明できるのか？——「科学と神」論争を考える』（森島泰則訳、いのちのことば社、二〇一一年）を参照。

9 Ravi Zacharias, *The Real Face of Atheism* (Baker Books, 1990), p173-178. Nick Pollard, *Evangelism Made Slightly Less Difficult* (IVP, 1997), p 47-70 (also available at bethink-ing.org/apologetics/deconstructing-a-worldview).

10 Stewart Goetz and Charles Taliaferro, *A Brief History of the Soul* (Wiley-Blackwell, 2011), p 26.

11 "Weighing Human Souls—The 21 Grams Theory", www.historicmysteries.com/the-21-gram-soul-theory (accessed 8th January 2019).

12 原注11と同じ。

13 "A Soul's Weight", *New York Times* archived article, March 11 1907, from www.lostmag.com/issue1/soulsweight.php (accessed 8th January 2019).

14 Ian Sample, "Is there lightness after death?" *The Guardian*, 19th February 2004.

15 D・C・デネット『自由は進化する』山形浩生訳、NTT出版、二〇〇五年。

16 スティーブン・ピンカー『心の仕組み 上』椋田直子訳、筑摩書房、二〇一三年、九九頁。

17 S. Goetz and C. Taliaferro, *A Brief History of the Soul* (Wiley-Blackwell, 2011), p 7.

18 J.P. Moreland and S.B. Rae, *Body and Soul: Human Nature and the Crisis in Ethics* (InterVarsity Press, 2000); Keith Ward, *In Defence of the Soul* (Oneworld, 1998); Richard Swinburne, *The Evolution of the Soul* (Clarendon Press, 2007); D. Willard, "On the Texture and Substance of the Human Soul", Biola University, 22nd November 1994.

19 Eleanor Stump, "Non-Cartesian Substance Dualism and Materialism without Reductionism",

in *Faith and Philosophy*, 12:505-531, from S. Goetz and C. Taliaferro, *A Brief History of the Soul* (Wiley-Blackwell, 2011), p 55.

20 Nancy Murphy, *Whatever Happened to the Soul* (Fortress Press, 1998), p 27; Malcolm Jeeves and Warren Brown. Neuroscience, *Psychology and Religion* (Templeton Foundation Press, 2009); Malcolm Jeeves, *The Emergence of Personhood* (Eerdmans, 2015); Joel Green and Stuart Palmer, *In Search of the Soul* (IVP Academic, 2005); and W.S. Brown, Nancy Murphy and H.N. Malony, *Whatever Happened to the Soul? Scientific and Theological Portraits of Human Nature* (International Society for Science and Religion, 2007).

21 C. Jenner and B. Bissinger, *The Secrets of My Life* (Trapeze, 2017).

22 www.theguardian.com/science/2017/oct/18/its-able-to-create-knowledge-itself-google-unveils-ai-learns-all-on-its-own.

23 B. Haas, "Chinese Man 'Marries' Robot he Built Himself", *The Guardian*, 4th April 2017.

24 www.turing.org.uk/scrapbook/test.html (accessed 8th January 2019).

25 "Computer simulating 13-year-old boy becomes first to pass Turing test", *The Guardian*, 9th June 2014.

26 J. Searle, "Minds, Brains and Programs", in *Behavioral and Brain Sciences*, 1980, 3: p 417-57

27 トマス・ネーゲル『コウモリであるとはどのようなことか』永井均訳、勁草書房、一九八九年（原著論文・The Philosophical Reivew, 1974, 83(4):434-450.）

28 3rd September 2016.
29 Royal Society Fellow, CBE.
30 S. Greenfield, "The Neuroscience of Consciousness", *University of Melbourne*, 27th November 2012.
31 デイヴィッド・J・チャーマーズ『意識の諸相』（上・下）太田紘史・源河亨他訳、春秋社、二〇一六年
32 F. Jackson, "Epiphenomenal Qualia", *Philosophical Quarterly* 1982, 32:127-136; F. Jackson, "What Mary Didn't Know", *Journal of Philosophy*, 1986, 83:291-295.
33 G.W. Leibniz, *Philosophical Papers and Letters* (Reidel, 1969), p 308, from J.P. Moreland and S.B. Rae, *Body and Soul: Human Nature and the Crisis in Ethics* (InterVarsity Press, 2000), p 56-59.
34 www.nobelprize.org/prizes/medicine/2000/kandel/facts/ (accessed 8th January 2019).
35 しかし、ノーマン・ドイジのように、これは心というより、むしろ脳の自然な性質だと言う学者もいる。詳しくは、ドイジの著書を参照されたい。『脳はいかに治癒をもたらすか――神経可塑性研究の最前線』高橋洋訳、紀伊國屋書店、二〇一三年。*The Brain That Heals Itself* (Penguin, 2008). See also D. Evans, *Placebo: The Belief Effect* (HarperCollins, 2003).
36 S. O'Sullivan, *It's All in Your Head: True Stories of Imaginary Illness*（Vintage, 2016）, p 8.
37 O'Sullivan, p 6.
38 O'Sullivan, p 7-8.

39 www.susanblackmore.uk/articles/there-is-no-stream-of-consciousness (accessed 8th January 2019).

40 Michael Graziano of Princeton University.

41 bigthink.com/think-again-podcast/daniel-dennett-nil-thinking-about-thinking-about-thinking-nil-think-again-podcast-91; and youtube.com/watch?v=R-Nj_rEqkyQ

42 Daniel Dennett, "Explaining the 'Magic' of Consciousness", *Journal of Cultural and Evolutionary Psychology*, 2003, 1(1):7-8.

43 www.goodreads.com/quotes/214805-there-s-nothing-i-like-less-than-bad-arguments-for-a (accessed 8th January 2019).

44 www.susanblackmore.uk/articles/there-is-no-stream-of-consciousness/ (accessed 8th January 2019).

45 www.theguardian.com/science/2015/jan/21/-sp-why-cant-worlds-greatest-minds-solve-mystery-consciousness (accessed 8th January 2019).

46 Christoph Koch: Allen Institute for Brain Science, Seattle; www.scientificamerican.com/article/what-is-consciousness/ (accessed 8th January 2019).

47 エイドリアン・オーウェン『生存する意識 植物状態の患者と対話する』柴田裕之訳、みすず書房、二〇一八年、二一～五頁。

48 A.M. Owen et al, "Detecting Awareness in the Vegetative State", Science 313, 1402-1402 (2006).

49 theguardi-an.com/news/2017/sep/05/how-science-found-a-way-to-help-coma-patients-communicate (ac-cessed 8th January 2019).

50 S. Dieguez, "Cotard Syndrome" in Frontiers of Neurology and Neuroscience, 2018, 42:23-34.

51 J.B. Green, S. Goetz, W. Hasker, N.C. Murphy and K. Corcoran, *In Search of the Soul: Four Views of the Mind-Body Problem* (Wipf & Stock, 2010), p 22. Richard Swinburne also unpacks a similar thought experiment in his book The Evolution of the Soul (OUP USA, 1997), p 147-149.

52 非有神論者の多くは、非還元的物理主義（ＮＲＰ）の立場をとる。カリフォルニア大学バークレーの哲学教授ジョン・サール、オックスフォード大学の哲学教授スーザン・グリーンフィールド、同じくオックスフォードの数学教授ロジャー・ペンローズらがそうだ。

53 非還元的物理主義（ＮＲＰ）の立場をとるクリスチャンには、フラー神学校のキリスト教哲学教授ナンシー・マーフィー、理論物理学者で神学者、英国国教会聖職者のジョン・ポーキングホーン、セントアンドリュース大学の心理学名誉教授マルコム・ジーヴス、ノートルダム大学の哲学教授ピーター・ヴァン・インワゲンらがいる。

54 For example, H. Hudson, A Materialist Metaphysics of the Human Person (Cornell University Press, 2001), p172-192; and L.R. Baker, "Need a Christian Be a Mind/Body Dualist?" in Faith and Philos-ophy, 1995, 12(4):489-504.

55 I. Tattersal, "Human Evolution: Personhood and Emergence" in M.A. Jeeves and D. Tutu (editors), The Emergence of Personhood: A Quantum Leap? (Eerdmans, 2015), p 44.

56 K. Matsumoto, W. Suzuki and K. Tanaka, “Neuronal Correlates of Goal-based Motor Selection in the Prefrontal Cortex”” Science, 2003, 301(5630):229-32.

57 F. Swain, *The Universe Next Door: A Journey Through 55 Parallel Worlds and Possible Futures* (John Murray, 2017), p 166.

58 There is a discussion of this topic in R.A. Varghese (editor), *The Missing Link: A Symposium on Darwin's Framework for a Creation-evolution Solution* (University Press of America, 2013), p x-xiv.

59 J.P. Moreland, *Consciousness and the Existence of God: A Theistic Argument.* (Routledge, 2009), p 15-16.

60 Michael Sabom, *Light and Death* (Zondervan, 1998).

61 R.A. Moody, *Life After Life* (HarperOne, 2015); E. Kübler-Ross, *On Children and Death: How Children and Their Parents Can and Do Cope with Death* (Simon & Schuster, 1997); M.B. Sabom, *Recollec-tions of Death: A Medical Investigation* (Harper & Row, 1981); P. Van Lommel, “About the Continu-ity of Our Consciousness” in C. Machado and D.A. Shewmon (editors), Brain Death and Disorders of Consciousness (Kluwer Academic/Plenum, 2004); S. Parnia, D.G. Waller, R. Yeates and P. Fenwick, “A Qualitative and Quantitative Study of the Incidence, Features and Aetiology of Near Death Expe-riences in Cardiac Arrest Survivors”, Resuscitation, 2001,48(2):149-56; B. Greyson, “Incidence and Correlates of Near-Death Experiences in a Cardiac Care Unit”, General Hospital Psychiatry 2003, 25(4).

62 K. Ring, *Life at Death: A Scientific Investigation of the Near-Death Experience* (Coward, McCann & Geoghegan, 1980); K. Osis and H. Erlendur. *At the Hour of Death* (Avon, 1977).

63 M. Morse and P. Perry, *Closer to the Light: Learning from Children's Near-Death Experiences* (Bantam, 1992).

64 Pim van Lommel, *Consciousness Beyond Life* (HarperOne, 2011); Jan Holden, Bruce Greyson and Debbie James, *The Handbook of NDEs: Thirty Years of Investigation* (Praeger, 2009).

65 Jeffery Long and Paul Perry, *Evidence of the After-life: The Science of Near-Death Experiences* (HarperOne, 2009).

66 G.R. Habermas and J.P. Moreland, *Beyond Death: Exploring the Evidence for Immortality* (Wipf & Stock, 2004).

67 A. Griffin, "Brain Activity Appears to Continue After People are Dead, According to New Study", The Independent, 9th March 2017.

68 G.R. Habermas and J.P. Moreland, *Beyond Death*, p 155-172.

69 K.L. Woodward, "There is life After Death", McCall's, Aug 1976, p.136; J. Kerby Anderson, *Life, Death and Beyond* (Zondervan, 1980), p 91; Elisabeth Kubler-Ross, *On Children and Death* (Macmillan/Collier Books, 1983), p 208, from G.R Habermas and J.P. Moreland, *Beyond Death*, p158.

70 John Audette, "Denver Cardiologist Discloses Findings After 18 Years of Near-Death Research," Anabiosis, Volume 1 (1979), p 1-2; Dina Ingber, "Visions of an Afterlife," Science Digest, (89, 1,

Jan.-Feb. 1981), p 94-97, 142, from G.R Habermas and J.P. Moreland, B*eyond Death*, p160.

71 www.express.co.uk/news/science/868086/LIFE-AFTER-DEATH-What-happens-when-you-die-near-death-experience-NDE (accessed 8th January 2019).

72 E. Alexander, *Proof of Heaven: A Neurosurgeon's Journey into the Afterlife* (Piatkus, 2013).

73 D.J. Chalmers, *The Character of Consciousness* (Oxford University Press, 2010), p 15-17.

74 W. Jaworski, *Philosophy of Mind: A Comprehensive Introduction* (Wiley-Blackwell, 2011), p 231.

75 Thomas Nagel, *Mind and Cosmos: Why the Materialist Neo-Darwinian Conception of Nature is Almost Certainly False* (Oxford University Press, 2012), p 68-69.

76 Anil Ananthaswamy, New Scientist, 3rd September 2016.

77 Richard Swinburne, *Mind, Brain, and Free Will* (Oxford University Press, 2014).

78 Keith Ward, *More Than Matter* (Lion, 2010).

79 Alvin Plantinga, "Materialism and Christian Belief", in P. Van Inwagen and D.W. Zimmerman (editors), Persons: Human and Divine (Oxford University Press, 2007), p 99-141.

80 J.P. Moreland and S.B. Rae, *Body and Soul: Human nature and the Crisis in Ethics.* (InterVarsity Press, 2000).

81 M. Egnor, "A Map of the Soul", First Things, 20th June 2017.

82 evolutionnews.org/2016/04/wilder_penfield/ (accessed 8th January 2019).

83 Marilynne Robinson, *Absence of Mind* (Yale University Press, 2010), p 47-50.

84 G. Wald, "Life and Mind in the Universe", International Journal of Quantum Chemistry, 1984,26(S11):1.

85 M.A. Jeeves and D. Tutu, *The Emergence of Personhood: A Quantum Leap?* (Eerdmans, 2015), p 241.

86 "Neuroscience and the Soul—full Interview with J.P. Moreland", youtube.com/watch?v=JxlYKqmE7o0 (accessed 8th January 2019).

87 Richard Swinburne, *The Existence of God* (Clarendon Press, 2004).

88 Sam Harris, *Free Will* (Free Press, 2012), p 4-5.

89 P. Van Inwagen, *An Essay on Free Will* (Clarendon Press, 1983).

90 P. Van Inwagen and P. Westview, *Metaphysics* (Westview Press, 2015); C. Sartorio, *Causation and Free Will*, (Oxford University Press, 2016).

91 M. McKenna and D.J. Coates, "Compatibilism" in E.N. Zalta (editor), The Stanford Encyclopedia of Philosophy, Winter 2016 Edition, plato.stanford.edu/entries/compatibilism/ (accessed 8th January 2019).

92 For an overview, see The Stanford Encyclopedia of Philosophy. Winter 2016 (see above for URL),

93 P.G.H. Clarke, *All in the Mind? Challenges of Neuroscience to Faith and Ethics* (Lion Books, 2015), p 93.

94 J. Eccles, "A Unitary Hypothesis of Mind-Brain Interaction in the Cerebral Cortex" in Proceedings

of the Royal Society of London Series B, Biological Sciences, 1990, 240 (1299), p 433-51.

95 Richard Swinburne, *Mind, Brain, and Free Will* (Oxford University Press, 2014), p 2.

96 B. Libet, E.W. Wright and C.A. Gleason, "Readiness-Potentials Preceding Unrestricted Spontaneous vs. Pre-Planned Voluntary Acts", Electroencephalography and Clinical Neurophysiology, 1982, 54(3):322-35; B. Libet, C.A. Gleason, E.W. Wright and D.K. Pearl, "Time of Conscious Intention to Act in Relation to Onset of Cerebral Activity (Readiness-Potential)", Brain, 1983, 106(3):623-42.

97 M. Matsuhashi and M. Hallett, "The Timing of the Conscious Intention to Move" in European Jour-nal of Neuroscience, 2008, 28(11):2344-51; J. Miller, P. Shepherdson and J. Trevena, "Effects of Clock Monitoring on Electroencephalographic Activity: Is Unconscious Movement Initiation an Arti-fact of the Clock?" Psychological Science, 2011, 22(1):103-9.

98 M.A. Jeeves, *Minds, Brains, Souls, and Gods: A Conversation on Faith, Psychology, and Neurosci-ence* (InterVarsity Press, 2013), p 56-57.

99 New Scientist, *Your Conscious Mind: Unravelling the Greatest Mystery of the Human Brain* (John Murray Learning, 2017).

100 J. Miller, P. Shepherdson and J. Trevena, "Effects of Clock Monitoring on Electroencephalographic Activity: Is Unconscious Movement Initiation an Artifact of the Clock?" Psychological Science, 2011,22(1):103-9.

101 W. Penfield, *The Mystery of the Mind: A Critical Study of Consciousness and the Human Brain* (Princeton University Press, 1975), p 77-78.

102 M. Shermer, “How Free Will Collides with Unconscious Impulses”, Scientific American, 16th July 2012.

103 B. Libet, “Do We Have Free Will?” Journal of Consciousness Studies, 1999, 6(8):54.

104 S. Harris, *Free Will* (Free Press, 2012), p 4.

105 There are, of course, different views within Christianity on the extent of human freedom. A helpful starting book would be John Lennox, *Determined to Believe* (Lion Hudson, 2018).

106 C・S・ルイス『喜びのおとずれ——C・S・ルイス自叙伝』早乙女忠・中村邦生訳、筑摩書房、二〇〇五年。

107 H. Whitehouse, “Cognitive Evolution and Religion: Cognition and Religious Evolution”, in J. Bulbulia, R. Sosis, E. Harris, Russell Genet, C. Genet and K. Wyman (editors), The Evolution of Religion: Stud-ies, Theories, and Critiques (Collins Foundation Press, 2008), p 19-29; J.B. Stump and A.G. Padgett, *The Blackwell Companion to Science and Christianity*, (Wiley-Blackwell, 2012).

108 C. Foster, *Wired for God? The Biology of Spiritual Experience* (Hodder, 2011).

109 D.C. Dennett, *Breaking the Spell: Religion As a Natural Phenomenon* (Penguin, 2007).

110 See for example S. Atran, *In Gods We Trust: The Evolutionary Landscape of Religion* (Oxford Univer-sity Press, 2002); P. Boyer, *Religion Explained: The Evolutionary Origins of Religious Thought*

(Basic Books, 2001); J. Bering, *The Belief Instinct: The Psychology of Souls, Destiny, and the Meaning of Life* (W.W. Norton & Co, 2011).

111 P. Krummenacher, C. Mohr, H. Haker and P. Brugger, "Dopamine, Paranormal Belief, and the Detec-tion of Meaningful Stimuli in Journal of Cognitive Neuroscience, 2010, 22(8):1670-81.

112 リチャード・ドーキンス『神は妄想である――宗教との決別』垂水雄二訳、早川書房、二〇〇七年。

113 Attributed to Pirsig in the Preface to The God Delusion, p 28. It is perhaps a paraphrase of the following from R.M. Pirsig Lila - An Inquiry Into Morals (Alma Books, 2011): "An insane delusion can't be held by a group at all. A person isn't considered insane if there are a number of people who believe the same way. Insanity isn't supposed to be a communicable disease. If one other person starts to believe him, or maybe two or three, then it's a religion.".

114 M. J. Murray, "Four Arguments That the Cognitive Psychology of Religion Undermines the Justifica-tion of Religious Belief" in J.A. Bulbuli (editor), *The Evolution of Religion: Studies, Theories and Cri-tiques* (Collins Foundation Press, 2008), p 394.

115 M.J. Murray, p 395.

116 I. Pyysiäinen and M. Hauser, "The Origins of Religion: Evolved Adaptation or By-Product?" Trends in Cognitive Sciences, 2010, 14(3):104-9..

117 K. J. Clark and J.T. Winslett, "The Evolutionary Psychology of Chinese Religion: Pre-Qin High

Gods as Punishers and Rewarders", Journal of the American Academy of Religion, 2011, 79(4):928-60.

118 J. Dominic and B. Jesse, "Hand of God, Mind of Man: Punishment and Cognition in the Evolution of Cooperation", Evolutionary Psychology, 2006, 4(1); D.P.P. Johnson and O. Kruger, "The Good of Wrath: Supernatural Punishment and the Evolution of Cooperation" in Political Theology, 2004, 5:159-76.

119 P. Boyer, *Religion Explained: The Evolutionary Origins of Religious Thought*, (Basic Books, 2001); P. Boyer, "Are Ghost Concepts 'Intuitive', 'Endemic' and 'Innate'?" in Journal of Cognition and Culture, 2003,3(3):233-43; P. Boyer, The Naturalness of Religious Ideas: A Cognitive Theory of Religion (University of California Press, 1994).

120 Alvin Plantinga, *Where the Conflict Really Lies: Science, Religion, and Naturalism* (Oxford University Press, 2011).

121 John C. Lennox, "Belief in God in 21st Century Britain", National Parliamentary Prayer Breakfast, 25th June 2013.

122 J. S. Wilkins and P.E. Griffiths, "Evolutionary Debunking Arguments in Three Domains: Fact, Value, and Religion" in G.W. Dawes and J. Maclaurin (editors), A New Science of Religion (Routledge, 2013), p 133-46.

123 N.G. Waller, B.A. Kojetin, T.J. Bouchard, D.T. Lykken and A. Tellegen, "Genetic and

Environmental Influences on Religious Interests, Attitudes, and Values: A Study of Twins Reared Apart and To-gether" in Psychological Science 2017, 1(2):138-42; L. Eaves, "Genetic and Social Influences on Re-ligion and Social Values" in M.A. Jeeves (editor), From Cells to Souls—and Beyond: Changing Por-traits of Human Nature (W.B. Eerdmans, 2004), p 102-22.

124 J. L. Barrett, "Toward a Cognitive Science of Christianity" in J.B Stump and A.G. Padgett (editors), The Blackwell Companion to Science and Christianity (Wiley-Blackwell, 2012), p 329.

125 Barrett, p 323.

126 plato.stanford.edu/entries/altruism-biological/ (accessed 8th January 2019).

127 plato.stanford.edu/entries/altruism-biological/#ButItReaAlt (accessed 8th January 2019).

128 Barrett, p 327.

129 John Newton, "Amazing Grace", 1779.

130 W. Penfield and T.B. Rasnussen, "The Cerebral Cortex of Man" (Macmillan,1950) in G.R. Habermas and J.P. Moreland, Beyond Death: Exploring the Evidence for Immortality (Wipf & Stock, 2004), p 168.

131 www.issr.org.uk/issr-statements/neuroscience-religious-faith/ (accessed 8th January 2019).

132 William James, *The Varieties of Religious Experience* (Longmans, Green & Co. 1902).

133 Oxford Dictionary of Philosophy (OUP, 2008).

134 V.S. Ramachandran, "The Neural Basis of Religious Experiences", Society for Neuroscience

Confer-ence Abstracts 1997: 1316.

135 C. R. Albright and J.B. Ashbrook, *Where God Lives in the Human Brain* (Sourcebooks, 2001).

136 C. Foster, *Wired for God? The Biology of Spiritual Experience* (Hodder, 2011), p 56.

137 V. S. Ramachandran, The Tell-Tale Brain: Unlocking the Mystery of Human Nature (Windmill, 2012), p 116.

138 A. Newberg, A. Alavi, M. Baim, M. Pourdehnad, J. Santanna and E. d'Aquili, "The Measurement of Regional Cerebral Blood Flow During the Complex Cognitive Task of Meditation: A Preliminary SPECT Study" in Psychiatry Research: Neuroimaging, 2001, 106 (2):113-22; A. B. Newberg, N.A. Wintering, D. Morgan and M.R. Waldman, "The Measurement of Regional Cerebral Blood Flow During Glosso-lalia: A Preliminary SPECT study", Psychiatry Research: Neuroimaging Psychiatry Research: Neu-roimaging, 2006, 148(1):67-71.

139 W. S. Brown, "Neuroscience and Religious Faith", The International Society for Science and Religion [Internet], 2017, www.issr.org.uk/issr-statements/neuroscience-religious-faith (accessed 8th Jan-uary 2019).

140 plato.stanford.edu/entries/religious-experience/#TypRelExp (accessed 8th January 2019).

141 N. T. Wright, "Mind, Spirit, Soul and Body: All for One and One for All Reflections on Paul's Anthro-pology in his Complex Contexts". Society of Christian Philosophers: Regional Meeting, 18th March 2011, Fordham University, New York: ntwrightpage.com/2016/07/12/mind-spirit-soul-

and-body (accessed 8th January 2019).

142 A. H. Ross, *Who Moved the Stone?* (Faber & Faber, 1930); G.R. Habermas, A. Flew and T.L. Miethe, *Did Jesus Rise from the Dead?: The Resurrection Debate* (Wipf & Stock, 2003).

143 B. Holmes, "Why Be Conscious: The Improbable Origins of our Unique Mind", New Scientist, 10th May 2017.

144 "Material Girl" by Peter Brown and Robert Rans, performed by Madonna (Sire Records, 1985).

145 Similar to the radio example used by Justin Barrett in J.L. Barrett, "Toward a Cognitive Science of Christianity", in J.B Stump and A.G. Padgett (editors), The Blackwell Companion to Science and Christianity (Wiley-Blackwell, 2012), p 329.

146 D. Bennett, *A War of Loves* (Hodder, 2018).

147 Steven Pinker ,"The Brain: The Mystery of Consciousness", Time, 29th January 2007.

148 N. T. Wright, *Surprised by Hope* (SPCK, 2011).

訳者あとがき

本書は、シャロン・ディリックス（Sharon Dirckx）の著作『*Am I Just my Brain?*』（The Good Book Company, 2019）の全訳であり、心の本質に関わる疑問に、脳科学、哲学、そして聖書の視点から深く迫っています。著者のディリックスは、英国ケンブリッジ大学で脳科学を学び、博士号を取得し、イギリスとアメリカで脳機能イメージング研究に従事してきた科学者であり、現在はクリスチャン・スピーカーおよび著述家として活躍しています。また、Oxford Centre for Christian Apologetics の非常勤講師でもあります。

ディリックスの著作は、近年注目を集めています。彼女の最初の著書『*Why?: Looking at God, Evil and Personal Suffering*』は、二〇一四年のクリスチャン図書賞（Speaking Volumes Christian Book Award）で最優秀図書に選ばれています。その理由の一つは、彼女が科学とキリスト教信仰の両方の領域に足を踏み入れ、それらを統合させる視点を提供していることです。彼女の著作や発言は、クリスチャンだけでなく、科学や哲学に興味をもつ人々にも影響を与えています。

心と脳の関係をめぐる議論は、多くの人々にとって興味深いテーマです。特に、科学と宗教の観点からアプローチされることで、新たな洞察がもたらされる可能性があります。本書は、一般の読者に向けて、学術的な議論を含め、心の謎に迫っています。

また、ディリックス自身の経歴も、本書を理解するうえで重要な要素です。本書を通じて読者は、彼女が幼少期から科学者志望であり、無神論的な考えを持っていたが、大学在学中にキリストを信じるようになった経緯をみることができます。それによって、人生の転機となった無神論者から信仰者への変化は、彼女の研究と著作に深い影響を与えています。そのため、ディリックスの視点は単なる学術的興味にとどまらず、個人的な探求とも密接に結びついているのです。

心の本質に関する議論は、訳者である私自身の信念にも深く関連しています。私の専門は認知心理学・認知科学ですが、これらの分野では心を情報処理装置として捉え、研究が行われてきました。近年では、脳科学とのつながりが深まっています。そこでは、心は脳から生じるとの考えが主流となっています。その根底にあるのは、唯物的世界観と言えます。

さらに、一昔前まではSFの世界の話でしたが、急速な進歩を遂げる人工知能（artificial intelligence; AI）が人間の知能に到達し、ついには凌駕するのではないかという議論が、今まさになされています。ＡＩが人間の知能に到達する時点は「シンギュラリティ（技術的特異点）」と呼ばれますが、それがあと二十年で到来するという「予言」もあります。ＡＩがシンギュラリティに到達した後、機械は人間の能力を超えた知性を備え、意識をもち、自分の意志で行動できるようになると言うのです。つまり、機械も心をもつというわけです。これも唯物的世界観を基にした議論です。

私はクリスチャンとしての信仰をもちながら、科学的な視点からも心の本質や言語機能に関する疑問に向き合ってきました。私の信仰は、唯物論的な視点とは異なる有神論的世界観に基づいています。私は、科学と信仰が対立するのではなく、相補的な視点を提供し合うことができると信じています。

本書の邦訳を通じて、読者に科学と信仰の両方の観点から心の謎に迫ることを促し、自らの世界観を再認識し、異なる世界観との対話を深める機会を提供したいと考えました。読者の方々には、科学と信仰の両者の視点から心の謎に対する探求を深めていただければ幸いです。

科学とキリスト教信仰の関係、無神論的・唯物論的世界観とキリスト教の有神論的世界観の対比について、もっとよく知りたいという読者には、Ｊ・レノックス著『科学ですべて解明できるのか？』（いのちのことば社、二〇二一年）をお勧めします。

この邦訳の完成には多くの方々の協力がありました。まず、妻の智美は一般読者の視点から原稿を見直し、率直な意見や修正案を提供してくれました。また、大学で私の授業に出席した学生たちとの議論や質疑応答を通して多くのヒントを得ることができました。最後に、いのちのことば社の米本円香さんには、原稿の編集、校正、引用文献の確認など、邦訳作業全般にわたって大変お世話になりました。心より感謝申し上げます。

二〇二四年四月　東京・青梅にて

森島泰則

著者　シャロン・ディリックス（Sharon Dirckx）

ケンブリッジ大学から脳機能イメージングで博士号取得。現在、オックスフォード・クリスチャン護教学センター (OCCA) 非常勤講師。英国および米国で機能的磁気共鳴画像法 (fMRI) による研究に従事し、米国では麻薬中毒に関する研究を行った。
最初の著書「Why?: Looking at God, Evil and Personal Suffering 」は最優秀図書賞を受賞している。
夫コンラッドと二人の息子アビーとイーサンとともにオックスフォード在住。

訳者　森島泰則（もりしま・やすのり）

慶應義塾大学文学部卒業、米国コロラド大学（ボウルダー校）大学院博士課程修了。Ph.D.（心理学）。専門は認知心理学、言語心理学。公立中学校英語教諭、在米日系企業研究員兼スタンフォード大学客員研究員、国際基督教大学（ICU）教授を経て、現在、同大学特任教授および山梨英和中学校・高等学校長。
著書に『なぜ外国語を身につけるのは難しいのか』（勁草書房）、訳書に『科学ですべて解明できるのか？』（いのちのことば社）などがある。

脳が私のすべてなのか？

2024年 5 月30日　発行

著　者　　シャロン・ディリックス
訳　者　　森島泰則
印刷製本　日本ハイコム株式会社
発　行　　いのちのことば社
〒164-0001 東京都中野区中野2-1-5
電話　03-5341-6924（編集）
03-5341-6920（営業）
FAX　03-5341-6921
e-mail:support@wlpm.or.jp
http://www.wlpm.or.jp/

ISBN 978-4-264-04487-1